Life's Journey
with
Plants

草木为师

陈毓 著

人民文学出版社

图书在版编目(CIP)数据

草木为师 / 陈毓著. -- 北京 : 人民文学出版社,
2025. -- ISBN 978-7-02-019466-7

Ⅰ. I267

中国国家版本馆 CIP 数据核字第 2025U2X309 号

选题策划　脚　印
责任编辑　张梦瑶
装帧设计　李思安
责任印制　苏文强

出版发行　人民文学出版社
社　　址　北京市朝内大街 166 号
邮政编码　100705

印　　刷　三河市鑫金马印装有限公司
经　　销　全国新华书店等

字　　数　142 千字
开　　本　850 毫米×1168 毫米　1/32
印　　张　8.625　插页 4
印　　数　1—9000
版　　次　2025 年 8 月北京第 1 版
印　　次　2025 年 8 月第 1 次印刷

书　　号　978-7-02-019466-7
定　　价　42.00 元

如有印装质量问题,请与本社图书销售中心调换。电话:010-59905336

目录

春

夏

秋

冬

序

认识陈毓老师很久了，知道她是报社的记者，写过许多采访文字，也出版过十几本小说集，获过业内诸多的奖项。当然也读过她的书，感觉她文字清丽，笔法细腻，尤其善于自然抒写。她笔下的山川草木弥漫着自然的气息，文字有情，可见她对自然的爱悦出于本然，于是描写自然里的一切也就自然而然。两年前得知陈毓老师退休，遂邀请她来学校做驻校作家。

西安思源学院建校二十多年，十年树木，百年树人，校园中的草木茂盛，常为人夸赞，我们自己也感到颇有成就，感慨之余，也感觉缺少了原创性的文字来描述宣扬，缺少以个体视觉和个性化的文字记录描摹思源校园中的草木花卉、鸟雀虫鱼，以及自然与人文之美。

把这一愿望说给陈毓老师，她欣然允诺，且不负所望，两年来佳作不断。思源校园里的株株树、棵棵花、根根草，被她的文字复刻并标注着存在的诸般美好。她写草木的文字自然朴实，情感真挚细腻，自然生态与人文气息相映成趣，令人捧读不辍，转发频频……

许多老师在问，陈老师是我校的老师吗？许多学生在问，毕业可否带一本陈老师的作品集走？当然最好有她本人的签名……

思源学院为自己的绿色美丽校园而自豪，更为有陈老师一样的园丁默默耕耘而自信。为答谢陈老师的付出，也为满足莘莘学子的心愿，学校委托白鹿书院促成出版事宜，并赠予每位毕业生《草木为师》一册以为纪念。

愿思源的老师们学术有成，望思源学子们记住学校的绿色坚守。

周延波

西安思源学院校长

春

草木为师

思源之春

校园里最后一树苦楝花香气退隐，一眼望去剩下蓬勃的绿。春天的二十四番花信风对应的花，以梅花起，开到荼蘼花就是春的尾声了，而楝花是二十四番花信风对应的最后一花。楝花开过，又一年，春归去，但何妨在一个春天储备下的满屏花朵中把春天回溯一遍。

第一帧自然是一树梅花，梅花开在思源学术交流中心楼后，早梅发高树。“南枝才放两三花，雪里吟香弄粉些。”宋代白玉蟾写梅花的诗句跃然唇边，如此地和我眼前的校园景色相称。眼前正有三两朵粉色梅花跃然枝头试探春气之冷暖。

再一帧，却是满屏盛开的梅花。粉色中杂着一枝朱色梅，蜜蜂嗡嗡嘤嘤，热闹、热烈，但细看，景深处，却有尚未彻底退场的蜡梅花的黄色花瓣，依稀沾着昨夜的一层薄雪。但梅花终究约定了似的，依着某个口令，“啪啪”地打开，在一两场晴明日晒之后，忽地盛放。之后无须寻觅，放眼望，校园中的梅花开齐了，这里一树，那里两株，湖边，道旁，教学楼窗边，草地深处，盛开的花吸引学子课余花树下流连徘徊，人与花与春天互为装扮。

手指划过，是一帧金黄蒲公英，在浮动草香气的草坪上，草坪刚洒过清水，花朵上水珠闪耀如雨露如珍珠，扑闪着太阳的光芒。被太阳光耀着的，还有紫花地丁，这些朴素又迷人的花朵以其低调和精密的构成打动每一双看清它们真容的眼睛。

思源湖倒影里的春天声、色、味、气交织，动静相宜。半湖绯红，有早梅的皴染，有樱花海棠的补色，但仅一个“红”字何以概括这湖水中的斑斓与丰富，黄色来自连翘，一蓬一蓬，被人工修剪失却野性的植物把生命中的蛮力全用在开万万千千繁密的花朵上了，花锦簇密集，密不透风，风不能穿过花枝，但花枝可以召唤蜂，蜂被花厚腻的蜜滋养得肉身胖大，嗡嗡的振翅声中也弥漫蜜的甜腻，有些闷声闷气。

春天的鸟鸣声却是清脆响亮的，充满欢愉。蜜蜂偏爱连翘，灰喜鹊、白颊噪鹛最爱玉兰花，白颊噪鹛从一棵白色玉兰花树飞到另一棵紫色玉兰花树，把均分的爱意唱给花儿听，用婉转清脆的鸟鸣写一首首花间词。长尾巴的灰喜鹊张开双翅飞临最高的花枝，像是要给花树一个激情的拥抱，等吃饱了花蜜花瓣飞走，双翅收敛，像一个弧线优美的神奇飞行器，高空传来一串“喳喳”的鸣声，那是灰喜鹊对春天的赞美。此刻的风还有些变幻不定，或许会吹来一阵激烈的雪粒子，但是春天已然轰轰烈烈，势不可当，早晨的一阵冷风一阵雪粒子打在白丁香花枝上一霎无痕，无妨丁香花在午后开出一树密密的繁花。此后，校园被繁花充盈，杏花开了，红叶李花开了，桃花开了，棣棠花开了，蔷薇花开了，桐花开了，牡丹开了，花开急，叫我暗自抱怨笔迟，不及记录下它们的美与好。

匆匆。

“无可奈何花落去，似曾相识燕归来。”

“泪眼问花花不语，乱红飞过秋千去。”

暮春愁绪，物我交融。那一代代惜春叹春的人，又何尝只是惜花叹花。思源湖泊中一湖的樱花的水皮子是文雅细腻的，惹人思绪的,游鱼追逐那些落花瓣,掀起水的波纹水的褶皱如冻，其密其厚连天上的彩云与晚霞都挤不进去，而在樱花道上，那一场场落花叫每日挥舞不休的扫花人扫帚没个停歇的时间，更有多才的学生，在草地深处用落花瓣摆下一颗颗惊艳的“花之心”。但是，那情景才在眼前，却忽忽然，湖心倒映的，已经是嫣红的月季花倒影，如肥硕的锦鲤。

徘徊思虑之际，忽听花树后有对话声入耳：

“为何春花总是开得迅疾，落得也迅疾？”

“快慢或许只是人的错觉。”

“或许无所谓对错，无所谓快慢。”

“又或者，花有使命在身，花拼力开，是要腾时间给果实，给种子。”

声音渐弱，直至消失。

定睛眼前，思源湖畔，分明一派“绿肥红瘦”景象。牡丹开过，每一朵花瓣退却之后都结出一枚种荚，像一枚枚五角的绿海星，芍药高擎着最后的几朵花，花朵半凋，也依然保有美的本质，此时的校园景象，是对姹紫嫣红开遍最生动的注释。

红叶李子一粒粒青青的小果实半藏在红色的树叶间，紫荆嫩绿的小豆荚挂满紫荆的枝枝丫丫，石楠圆明的小小青果保持着春天花朵的矩阵，一丝不乱。青蛙在人渐近的脚步声响中扑通扑通跳进思源湖中，扑通声震动湖水，游鱼一霎消失，又游回，片刻宁静，睡莲一朵朵浮在湖心上。

春天还有一些额外的惊喜，比如第一次看见思源湖边的凤尾丝兰开花，亲眼印证了凤尾丝兰一年开花两次的纸上所得。去岁夏季炎热漫长，等天不热，忽地冷下去，如一日坠深秋，忽冷忽热遏制了凤尾丝兰开花，但这个春天，凤尾丝兰把去年没开花的缺憾一次补足，也给看花人望外之喜，细细闻嗅了凤尾丝兰的花香，那是完全不同于任何一种熟悉的花香，陌生，难以比喻，硬要描述就是有湿地和青苔的气息，在这两者之上，再添一点点百雀羚护手霜的味道吧。也不确定。也认真地看了鹅掌楸的花，校园中每一棵鹅掌楸都是高茂巨树，想要看清花朵细节直仰得人脖子酸,幸好有一两枝树枝踮脚可及,于是看啊，闻嗅啊，小心翼翼，让花不被人的爱所累及。

何须叹春。且听大操场边的大白杨树叶在温风中翻出如小河淌水般的哗然响动，且闻东花园的蔷薇染香半个花园。玉兰退场后,广玉兰开了。牡丹芍药谢了,樱桃枇杷熟了。哪怕海棠、桃花、杏花、紫藤、蔷薇都开过，但还有海棠的果实，还有桃、杏，以及紫藤沉甸甸的果荚回复看花人——何谓生命勃发的节奏，花序的演进，自然的序列。“天地之大德曰生。”春天万物萌发，生命循环，春生夏长。

生命的真谛也在此刻思源湖畔青蛙跳跃入水的一声声扑通声中。青蛙藏身于荷叶间，湖面浮光跃金，睡莲开满。

夏天来了。

结　香

校园春天的第一花当属迎春？还是草坪深处急急探问春消息的三两朵蒲公英和星星点点的紫花地丁？当我看见结香，我确信结香花才是开在盛大春花序列前的花。结香开时，校园即将迎来百花竞放的春天，再过半月，繁花就要开遍校园的角角落落，此花开过彼花开，那将是长达两个月的烂漫花期。

某一天，我从北校区往南校区去，正欲过行知路人行通道，猛见眼前一丛灌木，枝干虬曲伸展，每根褐色的枝杈上都顶着一簇花，花半开或全开，全开如蓬似莲，半开者如无数的小喇叭团蜷在一起，似欲向外面的温暖世界随时发一串赞叹，盛开的花从花心到外缘依次呈金红、金黄、淡黄，直至黄白色的一个丰富过渡，整团花圆融清雅，香气幽然。我打量花良久，确认思源校园寻花的记录里，至此又多一花：结香花。

少年时我家院子就有一丛结香花，我们唤这花“干枝梅”，母亲大概是喜欢这花的吧，某年正月花开了，母亲说，今年正月不冷,你去看干枝梅都开了。去看花,鹅黄金黄的几簇花朵间,醒目的还有这花的枝秆,花开时不见一片叶子,在陕南温暖的正月暖阳下,已然有初开的迹象,此时的花盘大部分仍呈淡绿色,紧促地抱在一起,早开的花吸引蜜蜂光临,大概从冷冻天里刚刚醒过神来,闷头采蜜,飞离时嗡嗡嗡,表达着对花蜜的叹颂。蜜蜂的叫声吸引人也关注到花,我们说,看,干枝梅开花了。删繁就简,花朵萌茸,在少花的早春,干枝梅有别具一格的美好。再后来,知道这花有许多的名称,在不同的地方,有不同的称谓,叫瑞香花、梦花、岩泽兰、三桠皮、三叉树,又叫结香花。

花开有信,结香花最早报告了春消息。结香花当然也是香的,就算你或因一时分神而未看见花,但结香花以特别的香气提醒你,这缕缕花香不是蜡梅的,不是枇杷的,只能属于结香花吧,觅香追源,果然就见十步之遥的一大丛结香花。这时就想结香之名,结香,结香,这结结实实的香气结成香气的团子。顾名思义以及附会。开始我以为结香之结,是说结香花孤枝独朵,干净利落,似乎每一朵花都有独立之意。后来才知道结香之结是人为之结,传说从前有一对有情人爱而不得,于是在结香花前发愿,且把两根结香之枝打结,祈愿得偿所愿,果然愿望成真。传说动人,于是这花就有了结香之名。偶然的一天,我在现实中一熟人处看见一盆被打了许多个结的结香花,也开许多的花,但审美的判断上，觉得远逊色于思源校园里的结香花，再看思源校园的结香花，开得这般通脱，开得尽兴与恣意。而追究被打了无数的疙瘩，也开花繁密的结香，除了感叹结香花枝的柔韧，实在联想不到别的好。思绪缥缈。再次聚焦眼前思源校园这丛巨大的结香花，看金花团团，花枝遒劲，呈无数个三杈分枝伸向四方，不觉想到开枝散叶一词，学子们纷纷从花前过，不时有人在花前留驻，拍一张照片，发一通赞叹，欢愉地走开，更觉眼前思源这丛结香花的美好与大方。

单纯植物学上的结香外观遒劲，枝条内里却极柔韧，也因此，人们附花以情，取缠绵意，于是成传说，成习俗。旧时夫妻永结同心时会将双方发丝归拢一起打成结，取意永结同心，这就是结发夫妻“结发”一词的由来。但也有不如意的，于是要在一丛花上获得寄托。

结香是瑞香科结香属落叶灌木。开花的时候姿态特别，等到花朵全部散开，花色由金黄终于变作淡黄直到呈现淡淡的白色，这时春已深，结香的叶子在花谢后长出，四围春色，结香终于融进了满校园的春色之中，放眼望，难分彼此。结香花期过，会结出椭圆形绿色的果实，这时已是春夏之际，思源校园满园绯红浅绿，结香隐在浅红嫩绿之下，默默结着结香果。

结香原生长于长江流域以南诸地及河南、陕西和西南地区，结香属暖温带植物，喜半阴，也耐日晒，喜温暖，略耐寒。坡谷和土壤湿润的林下生长得最好。人工栽种结香，最看重的当是结香在早春开花的特点，能补冬春接替时少花的缺憾。结香花适宜列植、孤植、丛植，在庭前，尤显姿态清逸，哪怕花期过后，柔枝长叶的结香嫣然而立，卓然的美姿为所站之地陡添优美。结香盆栽，大概有睹一花而思翩翩的便利，发“道生一，一生二,二生三,三生万物”的无尽联想。

结香的花好看，枝丫也耐看，三分向上，不断地三分向上，向外界扩展空间，向高空生长奋发，梯阶般向高处去。结香枝丫以其韧性，成为制作珍贵纸张的原材料，据说有些珍贵的古老经书就是用结香造出的纸书写的，结香制成的纸柔软洁白，抄写成的经书能防虫蛀。结香的根与花入药可舒筋活络，祛风明目。在中国，结香还被看作古老的爱情树。

物质以及精神，具体到一丛结香花上。若是较长期地观察结香花，结香花有不急不躁相当笃定的漫长孕育期，深秋，许多树的果实还没完全成熟，结香就在叶子碧绿的枝头开始孕育来年的花苞。这之后，结香叶子全面凋落，霜来雪来，风来雨来，在接下来的寒天冻地间，最初孕育的结香花饼此时微微低垂，每一朵由三五十朵小花苞紧密簇拥在一起的种苞在观察者看来，有某种动人的团结与彼此持护，而内里的每一朵小花都努力，都拼力聚集着四围的能量，似乎寒风冷雨也能成为它们的能源来处。当结香的叶子在深冬一片片渐次落尽，从前叶子的着生处会露出一个个叶痕，叶痕次第向高处伸展，托举来年的新花再上层楼。

整个冬天,结香的新花苞以极慢的速度生长。叫人想起耐力,想起许多美好的生长原来都是缓慢的。结香似乎也启发观察者,要明了其中的植物智慧，观察者也需保持持久的兴趣和恒常的耐心。之后看出变化，预见成长。流连结香花前，看着一批批去了来了的思源学子，我猜想他们和我有着相似的心得和体会吧，感受来自结香花给予的植物智慧。

结香确实是美好的花，只等立春，只等带着温润气息的春天的雨水到来，那时，每一朵结香都欣然绽放，拥抱它们努力之后的美好春天。正如此刻，节气近惊蛰，结香的头状花序如一个个明灿灿的金色花盘，在最初开放的花朵探头之后，花们竞相开放，送出阵阵香气，等到每一朵小细花都绽放，暖阳下，蜜蜂嗡嗡嗡，终日采花不停，不为忙瘦，却被花蜜养得身体鼓鼓的，翅膀沉沉的，颤动翅膀发出的声响就是站在十步外，也听得见响。此时的结香花香气真是名副其实的结结实实的香啊，像攥着花的小拳头擂人。《群芳谱》里说结香花：花色鹅黄，较瑞香稍长，花开无叶，花谢叶生。枝极柔软，多以蟠结上盆。

至于说结香的香无可取，是说结香花的香气太浓烈吧，就像有人觉得蜡梅的香气太盛欺人、袭人一样，其实，适度保持距离就觉得结香的香气甚好，本就是宜园林户外栽种的植物。我每回从思源校园的大丛结香花前过，就觉得结香花的花香浓淡合适，很好闻。或许因为偌大的思源校园，包容得了这丛结香的香气，满园蜡梅的香气，甚至一片石楠的香气。

结香花盛花期会从二月开进三月底，趁花好，好好赏花吧。

梅

只是一个周末不见，校园里的梅花绽放了，一树树粉红花高挑出圈，在湖边，在阶前，在路旁嫣然盛放，在更多含苞育叶的树木间,把早春的气氛烘托渲染,盛放的花朵吸引蜜蜂嘤嘤,吸引学子驻足，梅发高树，是校园里的春相报告。

作为早春开放的美丽花朵，梅花的名气古，名声大，花萼美，单独一树独放，有独树一帜、不言而通灵万物的自在，老干古拙、青苔自生，新枝率真，梅朵点点，一派天真之姿。成片成林，衬托天空湖树、楼舍人群，又照见人间烟火的生动可亲。墙角数枝梅，绿廊小桥，晨雾漫漶，月照花林，梅花出现在哪里都成梅花的气场，如何布局都能各美其美。

有关梅花的文字记载最早出现在《诗经》里，“终南何有？有条有梅。”梅花一出场就被当成一种有高格的花木用来喻世醒人，后来梅花更为广泛地出现在文人的诗篇与画作中，远远超出单纯对一朵花的审美，赋予花更多的人文内涵。

“墙角数枝梅，凌寒独自开。”因为开花早，最早开放的梅花可能与雪与冰为伴，但梅花并不畏寒，负雪凌冰的梅花形象备受人推崇，着力赞颂这一梅花形象，梅与松、竹成岁寒三友，梅与竹、兰、菊成四君子。基于此，爱梅花，赏梅花，写梅花诗，画梅花图，梅花成为文化中永不凋零的花，即便梅花在那些梅花诗、梅花图中落英纷纷，这落英也是一落千年，“零落成泥碾作尘，只有香如故。”

梅花不仅是现实中人对于一朵花的记忆，也是关于故乡以及节气的记忆，成为和乡愁乡情紧密相连的符号，你看，“君自故乡来，应知故乡事。来日绮窗前，寒梅著花未？”你从故乡来，那你快告诉我故乡的人和事呀，你来的时候，绮窗边的那树梅花，开花了没有？诗人不仅仅是在探问一朵花吧？老家窗边的那树梅花，有多少往事可供追忆缅怀？诗人这一问，那片怀乡之心，其炽烈、急切，一往而情深，都在这字与句间呼之而出。生动、新鲜，画面鲜活。

有人爱梅花甚至成癖，以出格与另类为雅为洁，比如宋代诗人林逋和梅花的故事。林逋爱梅花无人能及，他隐居西湖边，广种梅花于梅园，又养白鹤，终年与梅与鹤相伴，世称“梅妻鹤子”，他那两句咏梅诗实在隽永：“疏影横斜水清浅，暗香浮动月黄昏。”把欣赏梅花所在的环境——水边、月下，梅花枝的形态——水中花朵倒影之虚与岸上花树之实两句带出，在审美上实在高格，这两句诗的意境甚至深深影响了后世许多画家在画梅时的构图与布局，要有水岸，要枝影横斜，只是诗中浮动的所谓梅花的暗香与梦幻般的月影更加考验画家的笔墨功夫。

宋代梅花审美更趋高妙，写梅花的诗句多不胜数，高傲如李清照，十分愿意把梅花拿来自比，她写过著名的海棠诗、荷花诗、青梅诗，篇章精妙，词句清新，但她写梅花诗，姿态是微微前倾的，且看她的《渔家傲》："雪里已知春信至，寒梅点缀琼枝腻。香脸半开娇旖旎，当庭际，玉人浴出新妆洗。造化可能偏有意，故教明月玲珑地。共赏金尊沈绿蚁，莫辞醉，此花不与群花比。"

此花不与群花比。那么，此花是何花？

梅，蔷薇科，李属木本小乔木，稀灌木，花先于叶开放，花以红褐色普遍，兼有绿色、白色和粉红色，梅原产地中国中南部，是中国花，因栽培历史悠久，品种自然也多。明、清朝，京城并不适合梅的生长，非比杭州、洛阳、长安适合梅花生长，所以皇室赏梅，自然要靠人力，皇室着力盆栽梅花。今天，在故宫博物院，众多以珊瑚珠宝镶嵌的梅花盆景显示着当年皇室对梅花树的审美向往，皇帝皇子的诗句中，有关梅花的句子常见。梅果盐渍或干制，即乌梅，可入药——止咳、止泻、生津。

作为落叶乔木，稀灌木，梅花开过，叶子落尽，灰褐色树皮的梅树也许大多数人即便从树下过被树枝碰头也不认识，除非你在春天因为观梅花而对树心存深的印象。梅花香味确实分明亦独特，古人诗中大量写梅花香，“遥知不是雪，为有暗香来”，那暗香到底是何种香，需要闻花人自行定义，梅香不同蜡梅香，不同桃李花香，不同牡丹、芍药、结香、紫藤的香气，即便你闻着梅花香气会联想到那些花的香气，但它们都不一样。在明艳春阳下，蜜蜂的嗡嗡声中，梅花的香气罩着赏花人的脸，细细闻嗅，你仍只能说，就是梅花的香气，不能用别的花香来代替与形容梅花。趁着眼下梅花盛开，细细闻嗅，细细体会，之后，去寻找属于自己的写梅花香气的句子。

也是仰赖人工栽培技术吧，梅花的品种多，单从名字看，就有眼花缭乱之感，红宝石一般红的叫骨里红梅，重瓣富丽的叫杨贵妃梅，树干高大、树叶繁茂的叫照水梅，更有洒金梅、绿萼梅、龙游梅、宫粉梅、杏梅、江梅、厚叶梅，不一而足，人为改造嫁接，为的就是那点审美上的新鲜与变化。

和更浅白的李花与传统的樱桃花相比，校园里的梅花浅红色，未开的花骨朵玫红，盛开的呈深粉红，是梅花中的美人梅，以学苑路、思源湖、青教楼几处赏花为最好，另有淡绿色绿萼梅，还枝头点翠，含苞未放。

想起一个词“梅开二度”，仰赖三千年的梅花栽培史，江南梅区，以梅花著名的赏梅地众多，无锡的梅园、苏州的邓尉、南京的梅花山、杭州西湖的孤山、湖北武昌的东湖梅岭，都是赏梅佳地。据说湖北黄梅县蔡山有一株植于晋代的晋梅，虽垂垂老树，却可以一年开两次花，真正的梅开二度。

由此看，我们学校青教楼高及三层楼的梅花树，实在年轻着呢。花树高茂，花朵繁密，树下人仰头看花，遗憾不能为这花写下靓言丽句。

且看花，趁梅花盛开，走近些，再走近些，不知梅花香气的人，要格外用心赏花，细细闻嗅幽微的梅花香，在蜷缩的冬之后，让生机盎然的梅花和人的精气神相得益彰。梅花开放，春天的门真的打开了。

海　棠

从图书馆借书出来，台阶下一低头，发现一片黄褐色枝条间闪烁着点点嫣红，俯察，可不正是海棠含苞，还是海棠中的贴梗海棠。一路寻过去，一株一株又一株，很多株海棠花，叫人喜悦。花苞约定好了似的忍住不开，似要等春风的一声号令。此时立春刚过，海棠以花苞招呼看花的眼睛“春在此立”。不觉节气过了雨水，再去看那些海棠，花苞虽向外展开一圈，在时热时冷的早春，在蒙蒙雾气里，依然半眯着眼，想起一个词——静女其姝。后来的某天，猛然间看见花开了很多，似乎花是噼噼啪啪一夜间开放的，叫人感叹时间的漫长与等待的仓促，那感觉近似你永远捉摸不透柳树是如何在你日日注视中又似乎一夜爆绿一样。

园中海棠，经园艺师经年打理，有着整体相似的面貌，大小相当，姿态仿佛，均呈圆弧状，虽几经修葺，不叫某个枝条高茂出圈，却在某段花的枝杈、杆的结节处展露某种遒劲力道和时间感。待花开时，这铜枝铁干般的硬朗越发衬托得花朵娇艳夺目，格外动人。

苏轼有首著名的《海棠》诗：“东风袅袅泛崇光，香雾空蒙月转廊。只恐夜深花睡去，故烧高烛照红妆。”东坡爱海棠，海棠开花的时候诗人自己不想睡去，偏说夜深了花要睡了，于是点起蜡烛照耀着这花，好和海棠花整夜两两相望。有人秉烛夜游，有人秉烛看花，都是佳话。我每回读这首诗，都会设想那株海棠花的整体面貌，当不太高大吧，不能是仰望才见的高度，要秉烛以对的高度，要全然在诗人弥漫爱意的眼眸中看得分明。斯时，夜深沉，阴历十二三的月亮已经绕过定慧寺的寺墙去了，夜鸟也安静着不发出一声呓语，只有清风吹动檐下铁马发出一两声寂寞的叮咚。还有的，就是一株花和一个远离权力中心的外放诗人。一朵花，一个月夜，一座寺，因为有这个人的这一首诗，从未消逝于时间的洪荒中，而能在后世读者的每一次阅读中栩栩如在眼前。对于苏东坡而言，黄州定慧寺这个海棠花开的春天是好的吧，那时蚊子还没有醒来，梅雨季也没到，豁达如他，只有东风袅袅，让每一寸眼下的时光都成好时光。

留心过海棠花的人也可能借诗发问，香雾空蒙，这空蒙香雾之香是说海棠花的香气吗？但海棠花香吗？谁闻过海棠花的香气？连张爱玲看海棠，在赞美花之美好的时候也发出深深叹息，甚至认为是遗憾，是人生的大遗憾，遗憾到“可恨”的程度——恨海棠无香。这么好的海棠花，怎会不香呢？海棠无香，但是海棠绝无不好的气味，甚至海棠花也可以说成是香的，难以描述把握的清香而已。我们现在看到的海棠只是没有显著的香气罢了，因此我们没有办法确定苏东坡《海棠》诗中所说的“香雾空蒙”也许非指海棠花的香气，或许是定慧寺中早春和海棠同时开放的别的花的香气吧。至于有香气的海棠，唐代诗人薛能在他的《海棠》诗中却说得确切，他说：“四海应无蜀海棠，一时开处一城香。”那就是说，在唐代，在四川成都，有开放时满城都能闻见花香的蜀海棠。“四海应无”倒是反证了别处以及后来的“海棠无香”。

无论海棠香不香，但海棠花够美。美久了，就成符号。比如李清照思念夫君，和身边丫头对话，引出海棠花对应时节，那么久了，远行之人，归期何期？于是有《如梦令》海棠词：“昨夜雨疏风骤，浓睡不消残酒。试问卷帘人，却道海棠依旧。”但她心中“海棠依旧”的仲春已过，分明是红花消残绿叶旺长的初夏了。心有所念所盼的人，时间的概念是不一样的，于是质疑并否定：“知否，知否？应是绿肥红瘦。”海棠花都快落尽了，叶子都长齐了，花稀叶浓，谁说“海棠依旧”？

唐诗宋词中有着海量的海棠花，让海棠花美成一种文化符号。唐玄宗赞美杨玉环，呼为“解语花”（即海棠花），叫身边人评说是海棠花美，还是妃子美?

苏东坡爱海棠算不算第一人，反正他怀着深情一再写海棠。看他另一首写海棠的诗，开篇即写:“寓居定惠院之东，杂花满山，有海棠一株，土人不知贵也。”在他看来，满山皆杂花，唯有海棠名花幽独，于是看花生情，“江城地瘴蕃草木，只有名花苦幽独。嫣然一笑竹篱间，桃李漫山总粗俗。……雨中有泪亦凄怆,月下无人更清淑。……忽逢绝艳照衰朽,叹息无言揩病目。陋邦何处得此花，无乃好事移西蜀。寸根千里不易致，衔子飞来定鸿鹄。……明朝酒醒还独来，雪落纷纷那忍触。”

身在黄州的他，此时再看海棠，其实是在某种既定的文化审美眼光中，别有一番滋味在心头。在京城繁花地看惯了名花海棠的苏东坡，在荒凉破败的栖居地看到海棠盛放，在情感上唤起的一定是他乡遇故知的感觉，而眼前的海棠长得如此美，又何尝不是对寂寞之人的一点慰藉呢？人亦应如花，不择地，所遇即安，该积极生长。于是更多涉及海棠的诗句出现在诗人的笔下,是另一番面貌:“雨过浮萍合,蛙声满四邻。海棠真一梦，梅子欲尝新。拄杖闲挑菜，秋千不见人。殷勤木芍药，独自殿余春。”这一刻，“海棠如梦”自带出明丽清新色彩。海棠能存活,苏轼也能存活,于是就有了黄州城外那片叫东坡的一块荒地,从此有了开荒种地的苏东坡。他从山上移栽来海棠花，他要朝朝暮暮看，要“卧闻海棠花”，要“故烧高烛照红妆”。他自己爱海棠还不够，还嫌他在意的诗人不写海棠花，杜甫为啥不写呢：“却似西川杜工部，海棠虽好不吟诗。”

海棠无香，那薛能笔下香气满满的蜀海棠在今天是指什么花呢？是香的海棠消失了，还是根本不同类，是一个谜。或者说大自然以它的丰富多样告诉我们人类认知的有限。所谓见识，不见不识啊，见也未必识，没准还会为成见所误，就如那个关于菊花是落英还是不落的争论，争论正因为争论者的大名而叫争论吸引人。据说王安石写了首《咏菊》诗，有这么两句：“西风昨夜过园林，吹落黄花满地金。”苏东坡见了，以为这是常识错误，于是在边上续了两句诗：“秋花不比春花落，说与诗人仔细吟。”据说后来苏东坡在外放地黄州见到大风中枯萎悬于枝头却并不落瓣的菊花，万般感慨。传说或许只是传说。但从另一面也说明人的认知的有限，在庞大的自然面前，我们的目光何其短浅。

书海无涯，行地无疆，行万里路，读万卷书。见识与判断，眼界与胸襟，于我们，同等重要。

至于海棠花的种类，从植物分类的角度上看，常见常说的海棠有西府海棠、垂丝海棠、木瓜海棠和我们校园里的这种贴梗海棠，前两种属于蔷薇科苹果属，后两种属于蔷薇科木瓜属。长相不一样，但都叫海棠。这都仰赖人工杂交种植的结果，比如街旁道边栽植最多的西府海棠为山荆子和海棠花杂交，也可以是山荆子和楸子杂交，又或许我们观赏的某个西府海棠，可能是西府海棠和别的海棠杂交得到的重瓣海棠。《植物志》给它们统统命名西府海棠。再看我们常看到的海棠都怎样被命名：比如垂丝海棠的“垂丝”，即是说花梗细弱，花朵盛开时下垂，“春工叶叶与丝丝，怕日嫌风不自持。”垂丝海棠和西府海棠花期相近，种一起也不难辨认，垂丝海棠的花梗和萼片是紫色的，鲜嫩枝叶带有紫红色，从色调上区别于别的海棠。而贴梗海棠，和乔木的西府海棠和垂丝海棠有显著不同处，贴梗海棠是灌木丛，几乎没有花梗，贴着枝条开花，枝条带刺，花猩红艳丽，花谢后结果实，果实近似木瓜，于是有个学名叫皱皮木瓜。

另有木瓜海棠，与贴梗海棠亲缘关系近，同为蔷薇科木瓜属，大名毛叶木瓜，名字听着不大响亮，果实却在《诗经》中被传千年：“投我以木桃，报之以琼瑶，匪报也，永以为好也”中的木桃，即是此君。

除了真正的海棠花，喜欢莳弄花草的人常提到的还有秋海棠，但它跟海棠没啥关系，就如黄海棠金丝桃、萝卜海棠（又名仙客来）、铁海棠（又名虎刺梅），都只是享一个海棠之名而已。

至于海棠果，也许在未见到海棠花前我们就已经吃过海棠果做的蜜饯了。海棠果当然能吃，糖葫芦可以用山楂，也可以用海棠果，正如有山楂果酱，也有海棠果酱一样。如果有海棠果多了一时吃不完，那就海棠果洗净、切块，加糖熬煮，像做别的果酱一样做成海棠果酱，算是赏过海棠花之后的另一重福利。不过到那时候，就该是从花蕾蕾的春到果累累的秋了，海棠花开迷人眼，当我们不能像植物学家一样明确海棠的分类，那就好好看花吧，海棠花开那么美，不要辜负。现在，趁大好春光在，趁海棠花盛放，好好赏花吧。

再读一首和眼前校园情景颇对应的黄庭坚的《海棠》诗：

“海棠院里寻春色，日炙荐红满院香。不觉风光都过了，东窗浑为读书忙。”

玉　兰

三月的枝头，玉兰用积攒一冬的力量爆出满树繁花，玉兰花开，色白如玉，枝条晃漾，玉树临风。连鲁迅先生这样能横眉冷对千夫指的人也会为玉兰花动容，写下“寒凝大地发春华”这样的句子赞美玉兰。

玉兰不畏寒冷，隆冬时节，玉兰灰黑的枝条上就已坐满花蕾，花蕾被毛茸茸的苞片紧裹，像是给幼嫩的花芽裹一层保暖外衣，任外界冷风呼啸，冰雪晶莹，也一点不担心冻着里面的花芽苞。这从夏天就开始孕育的玉兰花苞在如此寒天里积蓄能量，直到三月。

三月某个阳光晴暖的日子，忽有一树玉兰灿然绽放，哗啦一声，照亮花树所在的那一片空间。紧随其后，一树一树玉兰比赛般地开放了，果然名副其实，校园东花园这几株最早绽放的，正是望春玉兰。树高，需踮脚而望，人立树下，头顶朗朗阳光，晴空万里，一盏盏玉兰花明灿灿，光闪闪，花枝随微风轻扬，硕大的花朵在枝头起伏跳荡，视觉上极有分量感。如果学习鲁迅先生写一句诗给眼前的玉兰花，我会这样写：玉兰坐在枝上，荡啊荡啊荡啊，春风里。

玉兰花开恣意自喜，花朵绽放，有明灯高悬的光明感，花香气如兰似荷，雅洁清疏，如此完美，玉兰自当成为庭院栽培、园林种植广受欢迎的树种，仅从植物园里众多的玉兰品种所在地域，大体看清玉兰在当今世界范围受欢迎的程度以及种植状况。比如叫“玫瑰”、叫“复色”、叫“皮鲁埃特”的玉兰来自日本，叫“加里森”的玉兰来自美国，叫“皮卡特的红宝石”的玉兰来自欧洲，更有来自浙江的“景宁玉兰”、湖北的“武当玉兰”、西安植物园自己培育的“洪金玉兰”等，成为古老玉兰品种中的新贵。如果不是标签所示，要区分它们，估计植物学家也不一定能轻易说清楚。

不知园艺美学上如何说玉兰的种植，仅我自己的观察，玉兰独株栽最好，两株栽需保持适度距离，最多不超过三株为好。细看校园里的玉兰花也多如此，想是有其美学依据。玉兰树高茂颀长，花朵硕大富丽，花盛开时，退去花骨朵时的稚气与天真，每一朵花都光芒四溢，此时的花需要向外的空间，不叫挤挤挨挨最好。

不知哪一天开始，玉兰成为我们生活中普遍可见的观赏树，赏玉兰花，是春天努力不错过的美好事。玉兰以其典雅美丽的形象在古画中频繁出现，比如五代时期徐熙《玉堂富贵图》中的玉兰神形兼备，果然温润富贵，明代沈周的《玉兰》则把一半笔墨分给玉兰树干，用树干之古拙与遒劲反衬花朵之明亮富丽，均成艺术佳构。但最打动我的，却是我偶然看到一位当代青年画家的一幅《玉兰》同名画作，画面前景是一位民工，远景是一枝玉兰花，一个人，一枝花，几乎均分画面空间，民工头戴作业帽，脸上、帽子上、工装上都沾满白灰，坐在门框上，大概是中场休息，双手松弛地放在膝盖上，目光炯炯，看着前方某个不可知的点。他的身后显然是一间正在装修的新屋，空无一物，唯有一枝从窗口探进来的盛开的玉兰，花枝明媚如灯，照耀着那间空屋和这个装修工人。我被那幅画打动，但最初并不确定打动我的是什么。我像玉兰树在漫长的时间孕育花蕾一样,琢磨那打动我的到底是什么东西。直到我后来写出那篇《玉兰探照》的小说，小说中我外延了那个农民工，想象他和他同样在这个城市打工的妻子，以他们的视角想象这户被他装修的新屋里的一家人是什么生活状况，我让他在视频里和妻子分享这有玉兰花的屋子，放大他们对温馨之家的构想。总之那篇小说的主题可以用当下的一句话概括：人民对美好生活的向往。小说发出来，被《小说选刊》《小小说选刊》《微型小说选刊》

《作家文摘》等众多选刊转载，还登上小说学会的年度好小说榜。一位编辑在最初编辑那篇小说时打电话问我，为何起名“玉兰探照”，我说，你看枝头盛放的玉兰，有没有如灯探如灯照之感，电话里他思索片刻，回答：“还真是。”

我最初看见玉兰花，却是在古寺中，秦岭山边的弥陀古寺有开白花和开紫花的两株古玉兰，古玉兰开花，常常引动四方信众前往一瞻，花树高茂出寺院，笼盖一庭，花朵衬以青瓦，衬以春山，衬以青空，伴随寺院钟磬袅袅清音，十分古意。甚至汉中古汉台的玉兰花，也因为时间和传说的加持而被人赋予吉祥寓意。很多人在春天长途奔驰，只为一睹玉兰盛开的美好。赶上花期正好，但见万千玉兰新花挺放于苍朴古老的枝干，花开婆娑，春风袅袅，香气随风荡漾，树下看花人真有两腋扶清风的出离感，一刹那的物我两忘：今夕何夕？此身何身？

在中国，玉兰的种植史可攀梅花，有两千五百年的历史。玉兰最早时候叫木兰，又有辛夷、木笔之名。玉兰之名始于明代。《群芳谱》说玉兰：“花九瓣，色白微碧，香味似兰，故名。”现在常见的玉兰在花色、花瓣数量和花朵形状上均有分别，名称也多，有玉兰，望春玉兰、紫玉兰、二乔玉兰、飞黄玉兰和星花玉兰，另有广玉兰，不同于前面诸玉兰，广玉兰为常绿乔木，树形更为高大，夏季开花。

不同名的玉兰花期也有前后，望春玉兰早春开花，比别的玉兰都早，花瓣尖细，花根部呈紫红色，外花一半紫色，中间又是白色，早春二月底三月初，即以张望的姿态在枝头眺望春天。紫玉兰花色呈紫色或紫红色，花瓣比望春玉兰多，紫玉兰在三月底四月上旬开花。“色白微碧、香味似兰”，凭此命名的白玉兰纯白花色，花基部带粉红色或白色。飞黄玉兰是白玉兰的变种，花淡黄色，花片多皱如绸，花蕊粉红、淡黄甚至绿色，散发馥郁香气，加上花期大大晚于白玉兰，要到三月底四月上旬开花，把玉兰花的赏花期往后续接延长，实在美好。星花玉兰花片最多，甚至可以多到四十五片，花瓣形状从狭长到圆状到倒卵状，花色有白有紫甚至红色，丰富得很。二乔玉兰是玉兰和紫玉兰或木兰杂交而成的园艺成果，花色也介于紫玉兰和玉兰之间，花瓣从外到内，从浅红色至深红色，像是画笔在画板上巧妙调色，二乔玉兰花大色艳，色香俱佳，以古代两位著名的美人大乔、小乔命花名，可见其美。二乔玉兰比玉兰花期还晚，当玉兰花落之时，惊艳的二乔玉兰就要出场了，仿佛大自然要玉兰们续接芳华，把春天说透。

当玉兰真的都开过了，只剩下满树绿叶在夏天的骄阳里如伞如盖，绿色的叶片下，是形状奇特的玉兰果实，此时我们大多会忽略玉兰树的存在，直到树叶间的那些果实在不被注意中慢慢长大，秋去冬来，果实裂开，暴露出里面红艳艳的种子，那时候，就算有人看见，可能也大多不认识那就是玉兰的果实，果实吸引鸟儿光顾，远胜于吸引人。但在夏日，广玉兰依然慷慨给人惊喜，广玉兰盛夏开花，花色微白中透出鹅黄，花硕大，香气似荷花，也因此，广玉兰又有“荷花玉兰”之名。广玉兰是常绿乔木，深冬依然绿意盈目，即便冰雪天气，依然在枝头展出鲜叶芽，叫人偶尔恍惚以为那是绽放枝头的花朵，高茂的广玉兰临窗而立，一棵树就能撑起半窗荫。

遍寻我们校园，玉兰花的种类真不少，望春玉兰、玉兰、紫玉兰都有，广玉兰尤其多，几乎移步可见，一棵棵树经年累月，已高茂成庞然大树。大树昼夜制造着清凉、馨香以及属于树木的暖意。

把校园的玉兰树巡视一圈，我的观花所见是这样的：望春玉兰眼看就要开过了，玉兰即将盛放，紫玉兰的花苞似乎随时都要“啵”的一声打开万盏花朵……

至于广玉兰，还沉静从容得很呢，春花喧闹，属于广玉兰的夏天毕竟还是未来时。

樱　花

一夜春风，樱花开了，一树树绽放出千千万万朵花，在阳光下明艳，在月光下明艳。无论碧空还是积云满天，是湖岸、草地深处，还是建筑与建筑间的空处，盛开的樱花使一切有“换了人间”之感。学生公寓前，高茂的樱树把花朵送抵每一扇窗口，环绕思源湖，樱花树这里一片，那里一簇，如白云出岫，更像巧手织女绣出的樱花素锦。在热闹的运动场边，也有樱花恰成对照，用花之安静衬托着运动场的激烈。樱花树下，分不清诵读的声音和蜜蜂花间的嗡鸣声哪个更动听。樱花树下和我一起拍照的女生是大一学生，我们不断在一处处樱花下相遇，走开又相遇，她说幸好早上有两节课的空，可以来赏樱花，心满意足离开时她慨叹：这发朋友圈，九张图都不够发。

樱花的好，要自己看，自己感受，这是面对春天最深切的感受。

樱花开的时候，你想当一个诗人；樱花落的时候，看花的你，正是一个诗人。

樱花有早，樱花有晚，早樱开，晚樱开，樱花开时，不迟不早，都刚刚好。

我预备了心情，预备了句子，但真正面对樱花，全然无用。

我看过的最好的樱花影像，终不如自己在一棵盛开的樱花树下仰头的一瞬。

我读过那么多写樱花的句子，也不抵我在樱花树影中，徘徊复徘徊。

“早樱开了。”告诉我春消息的人，看了十几年校园的樱花，年年樱花开，年年赏樱花，一点也不减弱观赏者的热情，我理解他，仔仔细细看过樱花开，春天才算完整。

在樱花开花尚早的日子，我也曾遍寻校园的各个角落，细查校园樱花的分布。那时，要把樱花树从梅、桃，碧桃、榆叶梅、红叶李那里区分开，除了看枝头和花蕾的不同，最显著的一个特点是查看树身，树身上有嘴唇和眼睛纹样的，就是樱花树了。看着苍灰树干上那些漂亮的嘴唇和眼睛图案，是不能想象出繁花满枝的，于是便无限期待花开之日，天时晴时阴，乍暖还寒，樱花沉静着，任树下人来人去，从容，花开自然。

农历二月十五，早樱盛放，校园樱花节开始，白日晴好，樱花烂漫，月下赏花，可遇不可求，遇上了，自当珍惜。等待一轮明月从东边的栾树顶爬上来，先是半个，再到满月，哗啦一声，泼下万点金辉，照耀校园的树树樱花，何其大方美雅。月亮移步，月亮倒映湖中，水波与樱花树影重重叠叠，斑斑驳驳，似梦似幻，风不时送来阵阵花香，树下人都压低了说话的声音，不忍打扰夜之静谧美好。

樱花虽说中国特产，但樱花的名声远不如梅、兰、菊以及荷花、牡丹深入国人心。樱花在唐朝随日本遣唐使引进日本，并获得极高礼遇，甚至超出菊花在日本的地位成为全民推崇的花朵，因为喜欢而推崇，因为推崇而格外受到重视，被一代代日本园艺师不遗余力地改良、优选，造就今日樱花品类多不胜数的盛状。用现在的话说，就是人们挑选出美丽的樱花，因挑选而令樱花之美备受瞩目，又因受瞩目而再挑选出更美的樱花，改良、发现，再改良、再发现……如此不断积累，创造出日本的樱花之美以及波及世界的樱花审美。每年春天，赏樱不仅成为日本举国狂欢的春日盛事，并且吸引世界各地游客纷至沓来，游春赏花。樱花美学更成为日本文化的一个显著象征。日本有句格言，干脆说，“花最好是樱花。”

“樱花烂漫，枝枝芬芳。浮想联翩，回忆种种。”这是松尾芭蕉的俳句。

“花之云钟，来自上野还是浅草？”还是松尾芭蕉的俳句。

“满目霞辉似锦，别无他色。”这是足利义政的俳句。

“发为万朵樱，众芳难与俦。”这是藤田东湖的俳句。

“喝醉后，连说话都颠三倒四，像重瓣的樱花。”小林一茶如此说，樱花就在身边，说啥，好像都离樱花不远。

仰赖一代代园艺师精心培养，樱花呈现诸多的品种，在花之色彩、花瓣的单复、花开时间的错递上各有侧重。寒绯樱、云南樱、染井吉野樱、牡丹樱、山樱……花的名字也和人的名字一样，包含各自的信息量。

千朵万朵压枝低。早樱花盛开，全都是花，几乎不见一片叶子，早樱花枝高茂，像是一点不在乎花朵的重量。垂枝樱树稳重，花瓣也娇艳，有极尽奢华的感觉。山樱花花瓣小，靠近看，在萼叶相交处微露红色，远看十分素雅，几乎为白。染井吉野像是精心装扮过的美人，精致到每个细节里。寒绯樱呢？顾名思义，是不是开在寒冷的早春的红色樱花？种植时精挑细选，布置要自成一格，一切的取与舍，都是为了人审美的需要，比如种植不同种类的樱花，以期达到彼花落时此花开，以延绵赏花的时间段，有时候，在一株盛开的樱树旁边，或许会出现早已花谢并身裹嫩叶的绿色樱树，不仅山野里的樱花如此，甚至人工打造的樱园也常见到。又比如，对花朵的颜色不遗余力地求新求异，就像樱花中的郁金，初开放时花朵是淡绿色的，开着开着，就变成淡粉色了。而黄色中透着粉紫色的，正是樱花中的御衣黄。

早在十九世纪，园艺美学就在追求这种“倘若种植桃、樱、柳三种树木，便可从二月末直至三月末，红、紫、翠、白互相交织，美如锦绣。”此刻，漫步校园，红、紫、翠、白互相交织，美如锦绣就是我眼前景象的注解。隔着湖水远眺覆满花朵的一棵棵樱树，斑斓色彩辉映在湖水之中，假山叠影，湖岸上人来人往，这是现实版的“花意绵延”。此刻倘若有人岸边写生，实写即如画如绘，这是校园中独一无二的樱花之和美图，是绝无仅有的赏樱视觉艺术上的远近法。

樱花不是一朵独放，恰是一树树千朵万朵共同开花为美，一枝樱花的美超过一朵樱花，而一树樱花又比一枝樱花更佳，比起一树樱花，满山遍野的樱花绝佳。樱花的美处，还在于每一刻的变化，随着光线，以及晴明暗幽的变化有各不相同的氛围感，中午的花香气最浓，月照花林，樱花清幽而安静。和花瓣繁复、色彩艳丽的重瓣樱花比，山樱花简净天然，更像“樱花中的樱花”。比起园林中人工培育的品种，山樱借大自然之力，恣意绽放，蕴含着自然之理。

如此美好的山樱场面我有幸遇见过。某年春天，采访途中翻越子午岭，远山叠嶂，山色空蒙，汽车盘旋至半山腰，忽见眼前山谷涌动着山樱花，道路两旁簇拥着山樱花，连绵谷底，跨越山岭，乍看以为远山云彩，转瞬却见妍英缤纷，落花擦耳，一边是红英舒展，娇花吐芳，一边落英纷纷如雪似雨。“妍英缤纷”“天地皆霞”“红霞灿然”“樱色云霞”……众人词语纷纷出，无奈终不及眼前景象自然生动。猛见道旁有一亭，一亭一停，于是众人坐半山亭中呆望山谷久久。又行，车过处，带起的风中，翻飞的落英再起，如雨似雪。那次偶遇，多年不忘。

“岁岁不同，年年相似。樱花烂漫，也令心烦。”令小林一茶烦心的究竟是什么呢？再看，“今年花落颜色改，明年花开复谁在？已见松柏摧为薪，更闻桑田变成海。古人无复洛城东，今人还对落花风。”再看，“人世皆攘攘，樱花默然转瞬逝，相对唯顷刻。”眼前景象如此美好，美的东西却如此易逝，易逝与难以永驻是否就是那“叫人心烦意乱”的根源？“乱我心者，昨日之日不可留”，人类的情感在面对美景、面对时间的叩问上，古今中外人们的情感是相通的。春光好，春光短，唯其短，倍觉好。

白鹿原盛产樱桃，此刻，广袤的原上，樱桃园中花开得正烂漫，一墙之隔，校园中我们赏樱花，过樱花节，果园中农民忙着莳弄樱桃期待今年好收成，都美好，都重要。就像开花的樱花树和结果实的樱桃树都需要阳光雨露的滋养，也需要努力向上，积极生长一样。此刻在我眼里，真正有无边春意的，是青春学子的一张张脸，如向阳春花，鲜艳、明朗、生动。他们在花枝下漫步、诵读、轻声唱歌，享受属于自己的春天。青春如春，美好短暂，在春天，惜春天，且共春风，春风得意，春意盎然。

眼下，春暖花开，百花渐放，打开春天的行旅，去赏樱，赏樱何须远行，登白鹿原，来一树树樱花树下，我们一起白鹿雅集。

连　翘

在二十年前，随意问一个住在秦岭山中的孩子，早春夹杂在粉的山桃花和白的山杏花间，能染黄一整面山坡的金黄色花朵是什么花，他们都能即刻响亮地回答你：连翘。没错，是连翘。这关于连翘的知识来自他们的日常，他们坚定的语气与其说是骄傲，不如说是对常识的不矫情，就像你问现在的孩子，奥特曼是什么一样平常。连翘花对他们的另一重意义，是这种植物对他们生活的重要，连翘是他们假期创收给自己赚零花钱的重要的经济来源。但在今天，我不确定进了城的连翘还有多少人认识。一个熟人告诉我，在山里她很容易认识连翘，移栽到城市园林中，她就要经一番细究才认得出来。

为什么呢？因为秦岭群山间自然生长的带有野趣的连翘形象深入她的认知，其勃勃的生命力以及艳丽颜值，和附着在这一切之上的价值叫连翘的形象深入内心。不仅仅是为了审美，何况连翘本就那么香，那么美。

这个早上，当我听见一拨又一拨走到盛开的连翘跟前不断喊出迎春之名的人如此多，我对诸位把连翘当迎春还是大出意料。于是决定在更大范围随机调研，看看校园中这里一蓬那里一架，在粉的梅花、白的玉兰、红的海棠间勃然生动，渲染得校园春意盎然的连翘有几人认识。我挑出株型有三米之高，衬着一截粉墙，在早晨九点的阳光下炫目的连翘拍照，再找到一丛丛按株距种植，年年修剪，使垂蔓的枝条朝着园艺师想要的方向交叉环绕，呈现整齐的璀璨花团，我又挑花朵开得格外稠密的连翘花枝，分整体、局部、特写的拍摄之后，发给不同的人，以检验把连翘当迎春花的错判范围。我的问题简单直白：这是什么花？第一个人秒回复，是你们校园的迎春花吗？开得蛮好看的。第二位的答案紧随其后：迎春花还可以高茂如树？第三位的回答信心满满，干脆说，这是迎春花的变异株。我不甘心，把图片发给一个自小在秦岭山中长大的女子，她回复我：姐姐，这是连翘，我们老家满山都是，现在城里也流行种植。我故意说，不是迎春花？她说，连翘是连翘，迎春是迎春，哪儿还用分别。

但对不认识连翘的人，加以区分是必要的，因为两样花朵确实有相似性，难怪人会认错。比如它们都早春开花，比如都是金黄色花朵，比如都枝条垂悬，在盛花期远远眺望，像黄金的瀑布。但连翘和迎春花的区别也明显，迎春和连翘虽都在早春开花，但迎春花更早，因此才有“迎春”之名，“金英翠萼带春寒，黄色花中有几般”“覆阑纤弱绿条长，带雪冲寒折嫩黄”说的就是迎春的两个特点，迎春花开甚早，枝条纤细、碧绿。早春，当悬垂的嫩枝上点缀密集的芽苞时，“黄花翠蔓”就是最明显的特征，迎春的芽苞片有一抹微红。连翘花朵全黄，花托只有淡淡的绿。迎春叶子三出复叶对生，花开恣意；连翘花冠下悬，似乎永远都是半开状，也对生。迎春花小，六瓣；连翘花大，四瓣。

连翘的这些特点金钟花全部拥有，金钟花也早春开花，花朵金黄色，甚至嫩绿对开的叶片也极像连翘，也有四裂花瓣，甚至果实也相似。我在思源湖边面对枝条修理得格外齐整、一团团耀眼的金黄花枝蹲下，对照连翘和金钟花的特点一一分别。

眼前的黄色花瓣长且大，为四瓣。小枝土黄色或灰褐色，略呈四棱形。叶片单叶，对生，卵形。虽然此时叶片还幼嫩，但已具备雏形，基本特点尚能辨别。

如果这些特点连翘有，金钟花也有，那还有最后一个细节至关重要。

眼前的棕褐色枝条,在很多结节和横切面上,有圆形的孔洞。节间中空，显示这些枝秆是空心的。

在我获得的连翘和金钟花的知识里，这是最后一个区分它们的方法，空心的是连翘，而金钟花的枝秆中间有片状髓，有斜纹格，像夹层的饼干。

我用排除法确定了眼下这一蓬金色花是连翘，接下来就十分简单了，我快步走过几乎每一丛蓬勃的金黄色，仰赖园艺师连年的修剪，我不用自己动手，在花团打眼一看，即刻看见无数的枝条间，总有被砍修剪过的枝条，无论粗还是极细，统统在横断面处，露出中空的秆茎。在那一瞬间，我心中一片释然与轻松。我感受到探究以及获得认知的快乐。是的，大自然一定知道金钟花和连翘的分别，因为大自然造就了金钟花和连翘。作为人类，在自然中观察，从中领略自然的大智慧，并获得启示，乐趣无穷。

我的观察与获得叫我头几天在修剪得没有一根长韧枝条的连翘前的犹豫一扫而光，从不确定所见是金钟花还是连翘花，到确定校园广种的都是连翘，无论团成金黄花团，还是仍旧保持婆娑枝条，花开如黄金瀑布，都是连翘花。当我在东花园仰望一蓬高过三米、披黄耀金开满黄色花朵的连翘，闻嗅连翘混合在玉兰香气中的特别的馥郁香气，明白连翘为何会成为城市园林栽培选择的花木。连翘花蕊芬芳甜蜜，蜜蜂最爱，连翘花蜜也是蜂蜜中的珍品。

秦岭山中的孩子打小认识连翘，除了他们看惯了连翘花，长期观察过花朵和果实以及任何一个细部，久而久之，不辨而识。他们还是小孩子的时候就无数次采摘过连翘的果实，早春伸展开花枝条的连翘花在他们打量世界的第一眼，不全然是美丽，作为中药的连翘更被他们珍爱。秦岭无闲草，一面又一面山坡上的连翘价值宝贵，连翘的果实、根叶、茎皆可入药，每一寸都是宝。连翘艳丽的黄色花朵褪去后，代之而出的连翘果实，嫩的青色的果叫青翘，老的黑色的叫老翘。他们还不会写那些字时,就能做面貌上的辨别。连翘果实入药有升浮宣散之力，疏散风热，清热解毒，被医家称为要药。

山里的孩子呵护那些能给他们赚来书包、铅笔和零食的果子，呵护结果子的连翘就是不打扰那些他们第一眼看上去就在那里的连翘，让它们枝条随意蓬勃挑出，向青空，或者依着山坡的缓急,枝条垂坠而下,用最节省力气的姿势与山势紧密相依，舒展，以期得到更多阳光的眷顾、更多雨水的滋养，开出最繁密的花，结出最密实的果。如此，年复一年，一丛丛，一蓬蓬，满山遍野的连翘，无意点缀了迷人的早春山色。城市园林用作园艺观赏的连翘来自人工扦插，只在株型改造修理，获取花的观赏性，所以能不能合理授粉，结不结出更多的翘果，没人太在意。至于我们校园，为何会种植如此之多的连翘，听园丁说：学校领导叫种呢，说是连翘花不仅美观好看，还香气提神醒脑，有利于学生娃们学习思考。

眼下，校园里连翘花开正好，我们好好赏花吧。赏花的时候，记得正确说出连翘的读音，作为中药的连翘和厚朴一样，有属于它自己的读音，厚朴读厚 pò，连翘读连 qiáo。汉语如此丰富，汉字如此之美，在心中，在唇齿之间琢磨这分美好，是有意思的。

连翘的花语是希望、坚韧、永恒、温暖、预料。据说在连翘花下说出祝福心愿，都能一一实现；收到连翘祝福的人，据说将来必成大器。连翘花开，我们来祝福。

桃

似乎低头抬头的工夫，桃花就开了。那片开在时光流水广场前松林边的桃花最烂漫，尤其吸引学子。课余，总有举着相机的男生女生树下拍花，留恋处，叫我想起这样的句子：花影扫阶台，稚子踮脚就高枝，袖口沾霞云。

门前一株桃，桃花笑春风，是春天压下的第一个韵脚。一棵生长于老屋前的桃树可能牵系着几代人的记忆，是最鲜活的乡愁，难怪有三峡移民在永别故乡的时候会把老屋门前的一株小桃树挖出来背走，渴望把故乡一并移栽。

桃花好看，桃之夭夭，灼灼其华。桃花的美如此直观，人人能懂能欣赏。桃花象征着春天与爱，好看的人叫桃花面、桃花眼，贵如油的春雨叫桃花雨。桃花也典雅，桃出现在《诗经》里，和宜室宜家的人儿关联，《红楼梦》中，才子才女们雅聚结社，取名“桃花诗社”。桃花也是理想与梦境之花，陶渊明虚构了《桃花源记》，于是，人有了至此可以神往的理想栖息地桃花源。桃花也是思念之花，伤逝之花，“桃花帘外开仍旧，帘中人比桃花瘦”,这是林黛玉眼里的桃花,她写桃花诗,葬桃花瓣。“人面不知何处去，桃花依旧笑春风”，这又是崔护眼里的桃花，桃花在这里是伤逝之花。

人类食用桃的历史可追溯到新石器时代，考古学家在新石器时代的河姆渡遗址中发现六七千年前的野生桃核，说明那个时候人类就在采食桃。随后更多的考古发现证明人类改良野生桃、人力栽培桃的痕迹。桃在中国大概有三千年的明确栽培史。《诗经·魏风》中有“园有桃，其实之肴”，园中桃，自然是仰赖人工栽培。在漫长岁月中，桃的品种成为一个庞大的数字，随着嫁接与栽培技术的提高，桃树品种多不胜数，六世纪的著述《齐民要术》中记载桃树品种有近二十个，到了宋代，光洛阳一地就有桃树品种三十多个，明代《群芳谱》中，桃树品种攀升为四十多个。至今，“桃李遍天下”是不争的事实。

开枝散叶，在一颗桃核上。桃远行的路线跋山涉水。桃沿着“丝绸之路”去往印度、波斯、欧洲。玄奘《大唐西域记》记述桃树引入印度的故事，公元一世纪，甘肃一带商人去印度的沉重行囊里就有桃。桃在印度干脆被命名“至那果”,即“中国果”。

在文化的意义上，桃另有一番开枝散叶。

人不断嫁接改良桃的品种，除了欣赏桃花，就是享受桃子的好滋味。人们熟悉桃，知道桃的属性，了解桃的药用，桃花食用可以叫人颜色好看，桃仁止咳平喘，桃枝解毒杀虫，不仅中医在实践应用，傣药、藏药、蒙药、彝药、侗药、佤药、瑶药中都有桃入药的确凿记录。桃子甜蜜多汁，多食无碍，在乡野长大的孩子进城五十年，也记得乡野生活中获得的知识，每看见桃杏，劝人多吃桃少食杏，却要说：桃吃饱，杏伤人……桃吃多了不要紧，杏可不敢贪嘴呀。

而在深层的文化里，桃早已融入中国人的文化审美与经验中，“天上碧桃和露种，日边红杏倚云栽”，桃拥有可以长在天庭里的神圣，桃出现在神话里，传说吃了上等大桃，可“与天地同寿,与日月同庚”,吃了二等中桃,可“霞举飞升,长生不老”,就算三等小桃，吃了也能“成仙得道，体健身轻”。也正因此，《西游记》里，偏让彼时还没那么神通广大的弼马温孙猴子打坏了王母娘娘后花园中的蟠桃树。这是发生在仙界的大事故。

《礼记》把桃列为祭祀神仙的五果（桃、李、梅、杏、枣），桃有“仙桃”和“寿桃”之称，在民间，桃是长寿健康的象征，年画上的老寿星,总是捧桃在手。普通人过生日,也许季节不对，得到鲜桃也是难而又难，于是做馒头，馒头捏出桃形状，点上一点红在馒头的桃尖上，算是最周全的祝福。

在此基础上演绎，桃木也具有了神性和灵光，《山海经》中，逐日的夸父在临死前将手中的桃木杖丢下，化作了一片桃林。“千门万户曈曈日，总把新桃换旧符”，除夕的第一件事就是把门上的旧桃符换成新的。一枝挥动的桃枝可以驱邪求吉，一只坚硬的桃木橛子能具四方神力。桃有仙缘，桃木具神性，于是，有了桃，妖魔鬼怪逃之夭夭，人获安宁。

桃分食用桃和观赏桃两大类，食用桃吃桃肉，有红桃、黄桃，油桃、蟠桃、寿星桃、鹰嘴桃……观赏桃看花，花有桃红、嫣红、粉红、银红、殷红、紫红、橙红、朱红……千红过处，赏心悦目。

但是，眼下桃花花开正紧，还是看花吧，我看花，看学子桃花树前写生，看他们在花前比照《芥子园画谱》中桃的画法，笔尖悬在花瓣的缺口处迟疑不动，恍惚乍暖还寒时节留在一株桃花上的印痕；看春雨霏霏中那些拍雨中桃花的青年，想起民谚里说，被第一场春雨淋过的青年有一整年的幸运，再看雨珠停留在桃花瓣上，顶起在花蕊上，一粒粒明灿灿珍贵如珠的雨滴，无须纸伞遮挡，这雨，有焕然一新的清新与美好。

细数校园的桃花品类，以花色分辨，有偏白色的、略带粉色的、绯红色的、红中呈紫色的，我想起那些写生的学子，暗想这般丰富色彩实在是考验笔墨的；又借助植物图鉴细究竟，明了校园的桃有毛桃、山桃、甘肃桃、新疆桃、碧桃、蟠桃、千叶桃。想起去年暑假的某天，从图书馆旁的花径下过，猛见一树上结着繁盛的桃子，印象中春天并未留意此处有开花的桃树，不期结满桃子的时候看见了，心生惊诧和喜悦，调动仅有的一点生物常识，看眼前桃子青白中透一点点红，料想有半熟桃子的好滋味，摘了一颗在手，满手浓郁的桃香气，打开，遗憾早被虫子占据在桃心了。只能大声对虫先生抑或虫女士说抱歉，再把桃子轻轻放归深草丛中。后来我在返回的路上从一果摊上买了一大袋红硕的肥桃。

古人以“桃李”喻指门生、学生，桃李遍天下是为师者最大的荣耀，“桃李不言，下自成蹊”，是说桃李的好早为人知。年年，大学送走毕业学子，又迎新生，可谓桃李不言，桃李满天下。

一阵风过，纷纷的桃花瓣迎面扑来，提醒我此刻正站在校园这片桃花盛放的桃林边，眼见又一群学子过来拍花，我立即离开，让位给这些学子。离开的时候我想，“年年岁岁花相似，岁岁年年人不同”，这个句子，放在大学校园里，似乎是年年岁岁花相似，岁岁年年，青春的面孔如此雷同。花正开，人正青春，都刚刚好。

红叶李

赏红叶李花当趁紧，去年早春沉浸在校园的花海间，在杏、梅、山桃、玉兰、辛夷、早樱、连翘、晚樱、碧桃花间踌躇，等回过神，见红叶李最后的一场落花也融入春泥之中，湿地上依稀的一层花瓣印痕，明灿灿的春光穿过新绽的红叶李嫩叶，晃漾出千万道金丝银络，叹春花好，又春光短。

春夏秋冬又一春。这一年，我早早为花留驻，观察红叶李沉寂的枝条一点点萌发，一点点结出细密花粒，花粒又生发成花苞，一夜东风，就见花梢头“噼啪”“噼啪”，爆出一朵朵花，此后，春风浩荡，“噼啪”之声在树冠间不时爆响，终于，满树的蕾，细密的花，真叫繁花满树。只在几天工夫，一棵红叶李树上，从零星的白色，到满树的粉白色。而后，春风一场场吹，忽地掀动红叶李烂漫却安静的花枝，搅起红叶李的花瓣纷飞如雨，如雪……此后的某一天，再看红叶李树，焕然披一树鲜嫩的紫色，干净，纯然，把热烈深藏于内。清人李渔说红叶李，“李之紫叶，犹美人之黛眉，非为媚人，乃是天工点染。”这是立足美学的判断，植物学定义的红叶李也叫紫叶李，是由绿叶李芽变而生，变异后的叶片中因沉积大量色素，而使叶片呈红色或紫色，生物学家通过光谱分析，发现红叶李叶片反射的红光，暗合中国传统绛色染料的基准波长，凭借色彩直觉命名“朱砂李”。实际上，红叶李的紫红色是树启动防御机制，以抵御阳光中的紫外线，科学在此注解了诗意。

红叶李树形自然舒展，枝条细韧柔美，风来，树枝舞动摇曳，那风在一棵红叶李树上显露形状，风止，树凝然不动，卓然而立，极尽娴静之美。红叶李又善光影魔法，当阳光如金镀在一棵红叶李的树冠时，逆光中的叶片，紫红色中透出金色的脉络，红的、黄的、赭石色的，斑斓一片，极富层次感，叫观察者心生恍惚，一时不知身处世界是春是秋，雨天或雾气弥漫的日子，红叶李的叶片迅疾转为深邃的哑光质感，似为忧郁诗人的辞章所动，心怀戚戚。

红叶李每一朵花细看，都有五片白色或淡粉色的花瓣，挑在寸长的细韧花梗上，单花或五朵花并生，雄蕊有长长的花萼，黄色的花药，雌蕊的花柄和花萼都是紫红色的，易于辨识。单朵的红叶李花柔、细，却最懂以群体取胜，当红叶李花盛放，那向四周喷溅的难以描述的香气正是“春天”两字最好的诠释。

阳光强烈，香气愈浓，蜜蜂喧闹得越欢实。此时，对照一个冬天的沉寂和积蓄，这“闹春”就显得自然而又珍贵。在半个月的花期里，红叶李要把每一朵花都打开，再续一场“飞英会”，当红叶李以落花纷飞促成春天的最后一场“花之雪”，从一地落英上走过的人，忍不住要踮脚而行，好使这一地花瓣不惹一点尘埃不受一点碾压。“乱红如雨扑琴书”，这句子倒和这大学校园的景象呼应。

时间滴答作响，进入盛夏，向阳、喜光的红叶李在日轮的辗转加持中增添光热，每一片椭圆或卵圆形的叶片呈现另一番成熟的紫红色，这也叫人恍惚，似乎才欣赏过春天的锦簇花团，才被一场场落花感动过的心绪尚未彻底平复，红叶李的新叶却集体约定，浑然成一树浓艳，那浓艳叫周边的绿乱了阵脚，需着力平衡并重新修复绿的秩序，借红叶李的一团团红衬托，“怡红快绿”，于是校园景色就有了层次，更丰富更明快。至于红叶李树遮蔽下的一条条小径，是最宜于思考者从容散步与遐想的。

时序到了秋天，皴染了更多日色的红叶李早已褪尽柔嫩，转换为深红褐色，起初是赭石里调了朱砂般，渐渐变成葡萄酒浸透了的绸皱，每一片树叶都皴染得当，光影中的细微变化考验着学子们的笔墨功夫，一位在红叶李树前写生的“00后”设计专业的女生举着一枚叶片对光端详，说红叶李叶脉像极了宋代官窑的冰裂纹。这是一年中红叶李叶色最为浓重的时节，是一棵树和秋色深洽交融后的深沉内敛，有无须一花即能明了表达的魄力和定力。秋风紧一阵慢一阵，红叶李落叶如渺渺水声，此后，思源湖的湖水在一夜寒风中结了层若有若无的冰，抬眼望，红叶李虬曲苍黑的枝条在没有一朵云的澄澈天空下，线条纷披，有说不尽的美。

最是大雪过后，白雪勾勒出红叶李黢黑的树干和枝丫，是一幅幅天然美丽的水墨画。再看树梢，给鸟雀预留的几枚红叶李果实仍然坠在那里，把一年四季一棵红叶李树的经历和盘托出。鸟雀时时来，呼啦一声飞临，又呼啦一声振翅而去，鸟雀来时，它们是结在红叶李树上的果子。

校园的红叶李树多，栽在图书馆前后的树衬着建筑的白墙和红瓦，颇有禅意，“植朱李于粉墙前，取其四时之色变。”这是明代计成在《园冶》中交代过的园林营造法式，某日，当我读到这段话的时候，我把这页书举到窗前对照着看，文中字句和我眼前校园的白墙红瓦、窗底的青石小径相映成趣。一木一瓦一窗一世界，这是大学校园里的美学共鸣。

北校区田径场那一带，环绕阔大的体育场一圈，要数红叶李树多，花开时节，向那一方走，远远看见高高的树冠撑起在众木之上，繁花掩映，如沐彩云，如紫色雾起，给人以无限美的遐想，站在体育场高高的观礼台向西北眺望，南山如黛，一轮万古如斯又万古如新的彤红的太阳正向山后落去，城市隐约，缥缈如海市蜃楼，眼前，正是这万千花朵盛放的红叶李，这样重重繁花中的春日黄昏，短暂却有永恒的意味。

我听见叠声清脆的鸟鸣，随后发现一棵高大红叶李树上的鸟巢，一只鸟站在巢边鸣叫，另一只鸟飞回时，嘴里衔着长长的一根树枝。此时，眼前的红叶李花叶并茂，又美又隐蔽。想着校园的一棵红叶李树上结着个鸟巢,鸟巢高高在上,无人打扰,这是任何时候想起都倍觉动人的一件事。

丁　香

最初嗅到的香气若有若无，如游丝悬浮于空气中，但恰好被你的鼻子碰上，待要细嗅却已杳然。须臾，香气再次浮现，这回分明了些，却仍带着试探，蜻蜓点水般地来，又轻掠而过。

探寻香气的源头，只需一个转弯，就见十一号学生公寓楼的侧门边，两株开满白色花朵的丁香树，像披着白月光的素颜美人，极其的美，干净的美，安安静静的美。等站在花树下，香气一时放肆起来，犹如放出香的千军万马，叫人刹那间置身于香气的包围中，甜的，清凉的，却在大口呼吸之后，那甜的清凉的忽然变得热起来闹起来厚腻起来，像上等的蜂蜜，甜蜜里偏又掺一味苦，带着点儿药香，但终究是甜的吧。在微妙的，难以言说清楚的气味角力与品咂中，忽然想起王阳明先生关于春花与赏花人的一段话，他说，你未看此花时，此花与你心同归于寂；你来看此花时，则此花颜色一时明白起来。但我又明白了丁香花的什么呢？

此刻是早晨，空气薄凉，却极清亮，一种轻盈的欣然向上的味道，这混合复调的味道里就有丁香的香。早春的气温如荡秋千，一时阳光明灿，一时显著降温，忽地又半天大风，还飒飒地落了一阵细密的雪粒子，此刻，早樱和红叶李花瓣随风，状如飘雨，飘落草地深处，一草地的白，湖心荡漾的水波里，也尽是花瓣的褶皱，雪粒子落在丁香花上，旋即不见踪影，却染湿了丁香的香气，香气凝住，有了颗粒感，颗粒感存坠在空气里，那香气就有了明显的冷意与隔绝，不亲昵人，与脚下潮润的泥土混合出土壤的气息，庄重、冷凝、沉潜。午后风歇，太阳出来，学生们都在上课，十一号公寓楼那道侧门口静静的，再立于丁香花树下，却闻香气蓬勃，且浓且烈。嫩绿的纸条上花开过大半，使得树更披一身雪白，白花嫩叶间，每一朵细花一丝不苟地绽开四个小花瓣，并不见花蕊，而蓬勃的香气却轻笼在万千小花上，且酝酿且蒸腾，整棵丁香树，就是一个香气四溢的大香炉，若能有使香气显形的能力，那香气是否如波如浪，有能撼动些什么的能量。但是，奇怪的，为何如此炽烈的一树雪白又蓬勃的香气却并不见蜜蜂嗡嗡嘤嘤来访，却原来，恰是看不见花蕊的丁香把花蜜深藏在冠筒底了，蜜蜂够不到，据说只有长吻的天蛾才能享用丁香花的花蜜。

白日逝去，星辉疏朗，周六的深夜校园，庆祝过樱花节的学子们在操场上弹琴放歌，此刻琴声歌声也已收起，漫步返回，忽然看见白天未曾看见的几株紫色丁香，在夜灯的照耀下，发出紫靡靡、雾腾腾的光辉，紫色的丁香花树更高一些，踮脚闻嗅，夜晚紫丁香的香气像是在清水里漂洗过，淡淡的，带着倦意，似乎花也要睡去。想着更深夜露凝结时，也许丁香细细的花朵承受不住一滴露珠的分量吧，于是只能生成无数细小的香珠，使得花瓣微微湿润，这是夜与丁香花的秘密。

一些关于丁香的意象不觉浮上心来。

“芭蕉不展丁香结,同向春风各自愁”（李商隐）。蕉心未展，丁香含苞，它们都以同一姿态共对春风，却只能各自承载无以倾诉的愁绪。“青鸟不传云外信，丁香空结雨中愁”（李璟）。青鸟是神话中为西王母传递消息的神鸟，也指代人间信使。相隔山万重水千条的两个人啊，何时才能得到彼此的片言只语，眼前唯有这丁香花在无边的雨幕中无情无绪。这样的诗句读来郁气在胸，怎一个愁字了得。也似有看开了的，如唐人陆龟蒙写《丁香》:“殷勤解却丁香结，纵放繁枝散诞春”，可谓豁然舒朗，开阔洒脱，但你若返回看前两句，却是“江上悠悠人不问，十年云外醉中身”。借丁香抒发着的，仍是一腔怀才不遇的愁：长在清江边上的丁香啊，虽能远离滚滚红尘，俗世困扰，却也无人问津，只能孤芳自赏，倘能打开丁香心中的那个结，也一定能释放弥散千里万里的香气呀。这到头来，依然说愁。

丁香是开在暮春的花。“花底相看无一语，绿窗春与天俱莫”，绿窗外傍晚时节的一树丁香虽还有花开着，但一天的傍晚了，花开连绵的盛春也走到了暮春，即将被“肥绿”代替了“红瘦”。“最是人间留不住，朱颜辞镜花辞树”，春天如此短暂，如人的青春，如美好的时光，皆匆匆。

写丁香的诗中，戴望舒的《雨巷》也为人常道：“撑着油纸伞，独自 / 彷徨在悠长，悠长 / 又寂寥的雨巷，/ 我希望逢着 / 一个丁香一样地 / 结着愁怨的姑娘”。丁香为何常在诗人眼里牵连出“愁绪”？“丁香结”为何会关联郁结的心事？仔细观察丁香花，发现这也许单纯就是丁香给人的直觉意象。放眼看丁香，无论白色还是紫色的丁香，都给人蒙蒙的雾雾的迷蒙感，一丛开洁白花朵的丁香花花序，并不给人大咧咧的欢乐感，那份纯与洁的内质是收敛的，清与瘦的，丁香单朵小花巧妙而嫣然，盛放时每一朵花都开得恣意也尽情，但终究不是无遮拦的绚丽，是浪漫但不是烂漫。再看画家笔墨中的丁香，齐白石、吴冠中最喜以丁香入画，无论丁香和何物组合，都似有一团雾气浮着的朦胧与迷蒙，这也许就是贯穿在无论诗歌还是绘画中的，照应并呼应诗人画家的某种“愁心”吧。

我这样想，却猛然看见五位在一片丁香花树下彼此拍照的学子，看她们巧笑嫣然，举手投足，仰头低头的一霎，眉眼里尽是天真的欢喜、无拘的快乐，这多好啊。

丁香是木樨科丁香属落叶灌木或小乔木，圆锥花序，花朵细小,小花瓣紧促如打在结上,这也是“丁香结”最直接的表现。常见紫色、白色，兼具紫红色。丁香叶对生，卵形或心形，丁香结果，果蒴果，成熟后裂开，种子会散出来。白鹿原上的丁香花花期从三月底能连绵开进四月底。常常白鹿原下的花儿都落尽了，这里的花朵才到盛放时，原下原上往复，赏花期延长，似乎因此多得几天春的馈赠，真是美好。

站在丁香花下，眼看着学子们接踵从丁香花前过，应着那句“丁香枝上，豆蔻梢头”。据说丁香花树能活过百年，一个比喻忽现心上，丁香是一种古老的灌木，但比丁香更古老的，是被万千花木掩映，被丁香花拱卫的——这白鹿原上的寥廓天穹。

紫　藤

藤本植物给人的第一印象就是其柔其弱其无骨，需仰赖他物的坚实才得以生长且前行，在观察过紫藤之后，这印象有些动摇了。前年吧，我住的小区忽然把一片好看的草地铲平，新种上桂花树与南天竹，又给密密挨着的那排南天竹带等距离地栽种一排二十多根紫藤。紫藤新来，细如人手指，一尺长。为紫藤搭的水泥花架和这根根细藤的距离，似有“天涯”一般遥远。看紫藤脚下翻出的黄土,半含沙子,土壤肥力欠佳的生土层,紫藤挤挨着南天竹，生长空间堪忧，种植人把紫藤栽进那一个个预先挖好的深坑，把坑填满，洒脱离开，连一瓢欢迎入园的清水也不曾给，天空灰灰的，冷冷清清的，偶尔麻雀飞来探看，不带感情色彩的几声鸣叫，似也不看好这灰扑扑寂沉沉的枝条。但风毕竟一天比一天温暖了。

偶然的一天，猛然看见细藤已经高过人头，藤上爆出一粒芽苞，细看，岂止一粒，是一行，一根藤条上密密地缀满芽苞，放开眼界，看见每一根紫藤的藤条，都有大同小异的芽苞，灰扑扑的枝条中涌动着生命力，算一算，距离种植人栽下紫藤才月余，原来每一根紫藤都活了，且欢实地活着。一时间不知该赞美种植人，还是该赞美紫藤。用来牵起紫藤的一根根铁丝紧绷，笔直地延展到“天涯”般的水泥花架那端，太阳照耀得那些铁丝发光发烫，紫藤扭动身子奋力缘着铁丝攀升，三步并作两步的样子。忽然觉得紫藤也是有眼耳鼻舌，有脚有手，似乎在观察者的一个转身之后，总有一根、两根，甚至一簇的紫藤条都探向笔直紧绷的铁丝，把铁丝狠狠地抱住，有吞没之气势，咬铁嚼钢的狠劲，藤条扭动着，翻滚扭打，三个打滚五个跟斗，铁丝被紫藤完全地包裹住，再看那些紫藤条，粗了，扁了，几根在某个阶段几乎合并为一体,以藤之身,把那些铁丝全然包住，看得人心惊。

大概心惊的还有园林的养护者吧，赶紧拿来大铁剪刀，希望把那些铁丝斩断不叫支撑成为障碍，但紫藤似乎并不在乎，因为紫藤推送的先遣者已经占领高高的花架顶端，从此依靠自身之力,生发,蔓延,开枝散叶开花结果。此时看那从前“天涯”般遥远的藤架似乎变低变轻了也和谐了。新的藤条不断从生硬的土里拱出，更为粗壮，大有蔓延之势，养护者急了，挥舞着剪刀，心里嘟囔，不要这么多，不要这么狠。第一年，就有三两串，不，五六串，再数，七、八、九、十难以数清串的紫藤花开在梁架上，实在有点不可思议。

有了这样的经验，当我漫步校园，看见水泥花架上在冬日沉寂的灰扑扑的藤条，脑海不觉浮出冬去春来，这紫藤会生发出怎样的美好与欢喜，不觉充满期待。白居易写《紫藤》的诗，“藤花紫蒙茸,藤叶青扶疏”是说紫藤花的好颜色。“下如蛇屈盘，上若绳萦纡”是说紫藤的生猛之力。“柔蔓不自持,袅袅挂空虚”是说紫藤的姿态，观察过紫藤后，觉得写实且描述精准。

暮春的一天，我站在校园北花园藤花累累的紫藤花廊架下，望花廊曲折回旋，一串串重沉沉的藤花散发着馥郁的香气，肥大的黄蜂伏在花上，尽享着它的花蜜宴，偶尔“嗡嗡”几声表达赞叹，这“嗡嗡”声也有蜜糖的气息。紫藤花初开，香气清浅淡雅，而盛开时却浓烈，热烘烘的，花色始终如一地旖旎美雅，直到如敛翅的蝴蝶般跌落一地，紫藤花的花朵始终美雅。这架大紫藤和学校的年岁一般大，根深叶茂花朵繁密，从学生公寓往花藤那边去，远远就眺见涌动的紫色，鼓鼓涌涌的紫，清明如洗的阳光泼洒在花架上,满架藤花半园香,香气随风如浪奔涌,涌来猛，退却轻。

紫藤是豆科紫藤属多年生木质藤本植物，藤茎粗壮，坚硬如铁。一根看似细柔的紫藤藤条，在风中舞动试探，向着人不能明察的地方探索，此时若触摸一下紫藤藤条，硬木一般，不由暗吃一惊。紫藤羽状复叶，叶卵形或椭圆形。紫藤是垂挂花序，有紫色花、白色花和粉紫色花，紫色的紫藤花最美，像成熟的紫葡萄串，大方美雅，香气浓郁不艳乍，紫藤花下久坐，香气沾衣，沾发，沁人心脾。紫藤结扁平的豆荚，成熟时深褐色，里面有褐色的种子，风干透硕大的紫藤豆荚会从藤架上扑嗒嗒掉落，捡起来在手中摇动，发出钝铃般的响动，想着这乐音若是参与到某些时候的音乐演奏中，一定有非凡的音乐效果。

常见的紫藤有花色深紫的中国紫藤，白色、粉紫的日本紫藤，以及花序较短的美国紫藤，据说中国紫藤顺时针缠绕，而日本紫藤逆时针缠绕。真是神奇，有心观察的人不妨去观察并考证。紫藤喜阳，种在阳光朗照的地方开花越发繁茂。紫藤种子当然也能播种育苗，但不如扦插或压条繁殖速生，能快速开花。一架成年紫藤重量可达数百公斤，由此明白紫藤花架多以水泥做棚架的原因了，为长远计，为紫藤的百年计。

目前已知最老的紫藤是南京郑和公园里的一株紫藤，有六百多岁，另有一株五百岁的紫藤长在成都市新都区升庵桂湖内，据说是五百多年前杨升庵高中状元、衣锦还乡时所栽。两株老藤年年着新花，藤花盛放时如紫色悬瀑，吸引人远近奔赴，为探花忙。

和如此老藤比，思源的紫藤显然年轻有朝气，紫藤架北行三百米，是一道铁栏杆围墙，墙外是一条车行人往的长街，常有小贩停车墙外，买各种小吃与水果，叫卖声喧腾出热烈的烟火气。而紫藤铺排下的这一方天地却自有安静，常有读书人藤架下坐，我总觉得那般美好的环境若不是读应考书，倘若读闲书，或许就只能当个摆设与道具，因为藤花簌簌落，一种美好的“打扰”，而当你抬头，真是“紫藤花，朝我嫣然一笑”（松尾芭蕉诗句）。这样的时刻，这样的情景，恐怕书也是难读进去的。如果读书，书上最好写着李白的诗句：“紫藤挂云木，花蔓宜阳春。密叶隐歌鸟，香风留美人。”

只见一只黄猫迈着猫步走了过来，走到藤架下一白衣女生脚边，弓腰，俯身，惹女生注意它，随之盘下身子，挨着女生的裙角卧。黄猫是校园里的喵明星，送往迎来过不知几届学生，黄猫最喜欢待的地儿就是南北校区人行廊道的那一片高灌木丛边，每当学生晚饭后返回宿舍或者教室，猫都会出现在那里，约定般守时。观察猫，似乎不为谋食，却像为满足明星猫常被人关注和拍照的愿望吧，果然，遇见给它喂火腿肠的学生，猫文雅地吃，吃毕又做出一副端严相等人拍照。今天猫罕见地出现在紫藤架下，见我打量它，索性一跃，跳上女生坐着的石凳，蹲着，昂头长卧，似乎说，我已摆好姿势了。我逮住机会，构图，聚焦，用手机定格下一人一猫和一架藤花的美好画面。

石　楠

暮春一个阳光明亮似能发得出响动的正午，我从时光流水广场过樱花大道往思源湖边走，猛看见正对面草地深处立着一株开满白花的姿态婆娑的树，白皑皑，像将消的残雪，却又不是，像被风揉碎的云絮栖落，也觉比喻不当，浮想联翩间，已走到树跟前，看清花叶，确认正是一株开花的石楠。风来，石楠花枝被风掀动，挤挤挨挨，鼓鼓涌涌，有略大于雪与云的分量感，风停，石楠花攀稳在枝头，依然白皑皑，一团团。青草地散发出清新的草香气，石楠花暖烘烘的气息浮动在这草的清新气息之上。晚樱花瓣纷纷，银杏嫩叶新长，春意正到深处。

石楠花刚开时花色洁白，每朵小花都有五枚精致的花瓣，雄蕊多数，雌蕊一枚，密密的小花聚成伞房花序，有规整的几何布局，数百枚蕊柱排列成辐射对称的星芒，有叶片的衬托勾勒，一团团的，有悬浮感，即便月光下看依然。这夜恰遇阴历十五，圆月朗照，石楠花立在满月的辉光里，叫人想起着白衣的读书人：

吹灭读书灯，一身白月光。

不过指顶般大小的一朵朵小花攒成束，一束束又聚成簇，一簇簇再合成团，团团圆圆，满树的白花团，其美雅，其端庄又婆娑的姿态实在是只属于石楠的美。

石楠花开美，当然也有不喜欢的，不喜欢的理由是反感石楠花的气味，从石楠花边过，被花气驱赶，脚步匆忙，举止仓皇，快跑间不忘质疑："哎呀，这是啥怪味道啊？"石楠花的气味在很多人的气味辨识中，属于不好闻的，说"怪"的，掩鼻退避的，大有人在。说石楠花气味"怪"，倒也准，石楠花的气味不属于芬芳类的花香气，但也不是一个"臭"字能形容的，不是通常的芬芳，是带着闹哄哄的原始生命气息的那种味道，对了，爱吃板栗的人未必知道板栗花开的气味，几乎和石楠花的气味雷同。科学家用仪器分析石楠花的气味，是甲基异戊酸和三甲胺在挥发，人不爱，昆虫却大爱，去观察，一丛盛开花朵千万的石楠花上真是蜂蝇昆虫忙碌，这是植物与昆虫的古老契约和秘密，也是人类的鼻子探索不到的领域。

石楠花谢了，就结果。果实照样密密的，似乎开的所有花都没枉费力气，春天的每一朵花都变成了此时的每一粒果实，果实为蓇葖果，粒粒圆莹，初时青绿，慢慢变色，在季节里随日移翻晒，随后变成深红色。晒过炎夏，再被秋霜与冬雪的冷淬火成红宝石的矩阵。嫣红的，醒目的，也十分好看。熟透的果实会开裂，细听，时时有轻微的“啪”声，“啪”声阵阵，种子四散弹射出去。小小的种子裹着层薄薄的种皮，随遇各找各的出路，能落土发芽的，百不存一。但石楠照旧开它的花，播它的种子，年复一年，这是石楠的使命。石楠的种子鸟雀喜欢。白颊噪鹛来了又来，喜鹊也是殷勤的访客，它们享受果子，扑棱出扑棱进，在石楠树冠中弄出很大的响动，吃饱了，又飞远，把种子带到这里那里，完成鸟和树的盟定。

石楠的叶子最是耐看。在北方，四季常绿已是植物的大优点。大地刚解冻，石楠的新叶就生出来，嫩的，嫣红的，猛一看，以为新花高擎树顶，一律欣欣向上，尽管一次次确认是叶，但每回过思源湖那边，在樱花道旁，在廊亭下遇见，误会为花可不止一两回。石楠的叶子革质，硬且亮，边缘有细密的锯齿，典型的蔷薇科石楠属植物的特征，蜡质覆被，能锁住水分，在山石间，砂岩土壤都能从容生长。若依科学之眼观察石楠树叶边的这些小锯齿，每个锯齿都沟通着叶子里的小小维管束，在外界水分的蒸腾拉力中，稳稳维持整棵树的水分平衡，盛夏的烈日下也难得地保持着硬朗。秋风起时，旁的树纷纷凋落树叶，石楠叶子愈发深沉，老叶暗绿，新叶呈红，在萧瑟里撑起一片喜悦的生机。此时如剪断一片叶子，断口处会渗出淡淡的苦涩气息，这苦涩气来自叶子里的单宁，防虫啃食，也防菌侵袭，这就是石楠叶子总能呈现干净的气质的缘故。

每一位初次光临思源校园的人都赞叹校园绿化之好，树木花之多，是绿色校园。一年十二个月，每个月都有花开是我观察后的结论。即便如此，石楠依然是校园里重要的美丽的树木，因为石楠实在是四季都美都好的植物。不由想起石楠的另一个名字：端正树。据说这名字是唐玄宗起的，某天玄宗看见石楠花开，觉得这花树整齐端庄，想起已经香消玉殒的杨妃，心里泛潮，再看眼前这树，不觉喃喃自语："端正树。"这有趣。在适度的距离眺望一丛开花的石楠，忽地理解了"端正"之意，由花树推及一个具体的人，忽地觉得一个女人生命里几重的生动，在李白诗句、白居易诗句中的杨玉环，那个"沉香亭北倚阑干"的杨玉环，那个"侍儿扶起娇无力"的杨玉环，忽地有了另一个样子，像是看到一个人罕见的另一面。白、净、喧腾、自带感染力和生命气息的另一番样貌。有人评价玄宗这言行，说"有思也"，思念肯定是真的。

《本草纲目》命名石楠，"生于石间向阳之处"，故名石楠（南）。但叫石楠"端正树"也好，觉得形神兼具，石楠很配得这个名字。

古人写石楠的诗句不少，可见这树和人的关系久长，唐代王建在一株开花的石楠树前流连忘返，“留得行人忘却归，雨中须是石楠枝。”宋代的高似孙也觉得石楠花美且香：“自随野意订山行，香学楠花白水生。”明代的王恭更具体：“望海亭中载酒来，石楠花气拂金杯。”和人饮酒，石楠花的花香一阵阵地吹到杯沿上，哪里有半丁点儿的嫌弃，是全然的喜欢和悦赞。李白更爱石楠树的好姿态，他赠庐山女道士的诗句有“水舂云母碓，风扫石楠花”。拟人似花，花似人，人如花。白居易全面地爱石楠花：“春芽细炷千灯焰，夏蕊浓焚百和香。”李白看过大片的石楠花，他有“千千石楠树，万万女贞林。山山白鹭满，涧涧白猿吟”的诗句照耀今人的眼睛，而我眼前，在思源校园暮春初夏的接替处，一两株石楠已经足够美，何况，有这一二十株这里一丛那里一丛，撑起在湖岸草地，在竹林边校舍傍，在廊亭上，在阔大运动场边的我终究没能数清的石楠树。

夏

草木为师

思源之夏

夏日的朝阳总是勤快的，寅时三刻便已露明，片时，第一只早起的鸟发一声鸣叫,之后它保持一样的调子“啁——啁——”一声声，执着得很。终于另一个声音应了“叽啾——叽啾”。于是——啁——啁——叽啾，啁啁——叽啾。这样有三分钟吧。稍后，唧唧，啾啾，唧叽，叽，渐成重唱，在校园之声响起前，这是显著的天籁之声。雪松高茂，雪松和楼宇的过渡地带，红叶李此时是一片灰调子的紫。

似乎也只是一个片时，之后灰鸽子、布谷鸟、麻雀的叫声忽地合成鸟声合唱，融合却也各成腔调，开启校园新的一天。此时，阳光已照耀到了雪松梢上，闪耀，织金梭银，明灿如新。

换个角度，此时若从思源田径场边高高的看台上观察日出，那里有高阔的视野，是看日出的理想地，在那一地，能看见太阳从校园东方一带朦胧的树影上升起，那树影由校园中的鹅掌楸、法国梧桐、雪松、水杉、白皮松和白杨树组成，太阳从那里升起时,把田径场上的草坪瞬间照亮,一片油汪汪湿漉漉的绿。

太阳光也照亮了思源湖，半湖水面金光点点，湖中沉睡一夜的睡莲被这夏日之光唤醒，纷纷伸腰展颜，在新一天的阳光中一朵朵打开明灿灿的金黄花盘，不虚掷一缕阳光。晨光尚未发散夜露，三五成群的学生纷纷向湖边来，晨读声是动人的声音之一。

一日之计在于晨。

太阳继续升高，湖上的红桥、红亭更红，亭边的石榴花越发明艳,“五月榴花照眼明,枝间时见子初成”,开花与结果并重。

白鹿原上的麦子黄了，樱桃红了，思源校园中的枇杷熟了。人在树下，喜鹊在树上，喜鹊是乐观主义者，总是挑树上最成熟的枇杷吃，吃够了，掠过树下人飞，鸟翅膀擦人耳而过。

广玉兰在开花，白色花瓣有玉质，香花硕大如碗，明亮如灯盏，一棵棵挺拔的巨树在初夏的温风中忽而东倾，忽而西移，就是偶尔大风撼动，高踞枝头的硕大花朵随枝荡起，稍后总能稳坐细韧的枝头，叫看花人格外感动。

在被阳光设计并刷新的新的一天，还有谁提醒我们时间的意义？是睡莲吧,睡莲在连日的开合花瓣之后,终于攒足了能量,于是，当又一个黄昏来临，它沉入湖水中，之后扎根于湖泥之中，此后，思源湖将又多一枝睡莲。还有木槿，木槿花天明即开，只为拥有一个完整的白天，因为太阳落下，一朵尽兴开过的木槿花就要永远闭合了，所谓“朝开暮落花”，就是这样把一天当一朵花的一生过，诗人泰戈尔说“生如夏花之绚烂”，这绚烂的意识里，也有一朵木槿花的努力吧。你且细看一朵木槿花，何其精致，神奇与美。

在一些醒目的存在之下，还有另一重生动，比如牡丹园的篱笆上，草地中，球场的铁栅栏边，窃衣、乌蔹莓、铁线莲、牵牛、萝藦、旋覆花、紫菀、忍冬都在努力向上，积极生长，认真开花结果，一起营造校园夏日的葳蕤与丰茂。

夏花美，夏日的绿荫珍贵。

樱花、国槐、栾树、雪松、法国梧桐撑起纵横交错的一条条绿色廊道，你如果愿意，何妨被这些绿廊指引，走遍校园的各个角落。

在这些气韵非凡的绿荫中，红槭、红叶李纷纷补色，就此有了斑斓与富丽。果实的添色总是有分量的。玉兰的果实充满魔幻色彩，法国梧桐结出一个两个三个铃铛一般的悬铃，女贞的果实此刻是青绿的，石榴的青皮小果躲在枝叶间，要到八月的金风吹来,它们才肯咧开红嘴,石榴喜欢骄阳与盛夏暗藏的红。此刻借着这嫣红，湖边，花树下，毕业季，身着学士服的学子来拍照，记录下青春里美好的校园时光。

盛夏的正午喧嚣也寂静，上课的教室是动静相伴的，思考与追问从未停歇，求知的渴望如此刻白鹿原地里生长的庄稼与果木，唯积蓄能量，唯积极生长。老师书写黑板的声音，电子课件的播放声，师生的问答声，让喧嚣寂静，又从寂静中生发无限、无垠。炎夏的空气如沸水翻涌热浪，涤荡在图书馆高高的台阶上，沿台阶拾级而上，那里永远储备四季，储备阴晴，储备天地山川湖海，储得下南极北极。

太阳的车轮轰轰，从东到西，至戌时犹徘徊于西天，操场上学子运动的身影被那轮太阳镀了一层金光，跑道上，有学生演示着自己组装的汽车模型，驰飞的快意和着青春的旋律，地上的热闹不影响爱好航天的学子放飞自制的飞机模型，他说是最新一款的飞行器外形。操场上激战正酣，呐喊声、喝彩声如潮，一个男生跃起投篮，一个难度极高的漂亮进球惹起的欢呼声，惊动天上鸟，鸟疾飞而过，洒下一串长声鸣叫做回应。

红叶李的树荫下是列队训练的女生们，动作整齐划一，兵士一般齐整。

白杨树上的蝉鸣一声接着一声，久久不变的调子似要将这一日永恒定调，风吹树叶簌簌回响，旋即归于沉寂，只余蝉鸣。

紫藤覆盖的凉亭下，文学社团的学生在排练自编自导自演的话剧《生如夏花》。吉他的弦音与璀璨的鸟鸣声奇妙地融合，主唱的男生声音动听，有青铜的质感。众声汇合的夏日傍晚有着短暂却也永恒的味道。

牡　丹

李商隐有写牡丹的诗句，“锦帏初卷卫夫人，绣被犹堆越鄂君。垂手乱翻雕玉佩，招腰争舞郁金裙。石家蜡烛何曾剪，荀令香炉可待熏。我是梦中传彩笔，欲书花叶寄朝云。”全诗借用卫夫人、越女与越鄂君、石家燃烛、荀彧偷香、江淹梦笔、巫山神女诸多典故，以形容他眼里的牡丹之好。刘禹锡写牡丹受众人追捧，春天牡丹花开时，京城万人争相看花的盛况，“唯有牡丹真国色，花开时节动京城。”我认识的一位诗人却说，你若赞美牡丹，或许就只用牡丹一词为好。换个角度想，靠近牡丹，以牡丹说牡丹，这其实是更高规格的审美和赞叹。

在汉语中，牡丹是荣华与富贵的替代词。花开富贵，那是说牡丹花，富贵如意图中，多的是牡丹盛开的形象。

早春一个薄雾迷蒙的早上，我在校园漫步，抬头看见写着“牡丹园”的牌子，细看牌子后那一圈栅栏围着的修葺有型的棵棵木枝，黑铁似的枝干如琢如画，根根舒放，绝无重叠，想是被园艺师用心呵护着的。早春的空气虽冷，但枝上已有微微凸起的芽苞，显露内里涌动的勃勃生机。从那天起，我常走到那片园子去，想要好好地观察一回牡丹。去过几回，回回都是那火烧似的黑黢黢的木枝，芽苞并不曾有一丁点的变化。想着牡丹和芍药的一个显著区别，在这样的时节倒是最为明显，黑木枝的是牡丹，至于芍药，此刻还在泥土里，只能在稍后一些日子，待春暖，才能从渐渐温润的地皮拱出一丛嫩红的新芽叶，之后春风吹了又吹，嫩芽叶迅速开枝散叶，含苞开花。因为牡丹为木本，芍药为草本。

牡丹黑的木枝，还有一个传说，传说女皇武则天某个腊月想要看到百花盛放的景象，于是命令百花盛开，百花果然次第盛开，唯有牡丹毫无动静，令女皇雷霆震怒，命令火烧牡丹惩处，并贬出长安迁往洛阳。其实这个传说想一下觉得蛮有趣，这是一个求不得而生恼意的故事，想一想，牡丹是被贬往紧邻长安的洛阳陪都，而不是千里外的岭南，那时，至高的皇帝对不满的臣子可以贬去千里之遥的荒蛮之地，但是对花，倒算有情，不是疏远到老死不相往来，而是没准哪一天就有颇欣喜的相看两不厌的好时分。牡丹这一贬，却造就了洛阳牡丹至今负有的盛名。据说岭南的湿热气候不适宜牡丹生长，如果牡丹当初贬往岭南，那想想看吧。牡丹在洛阳，盛名始终如日中天，牡丹盛开时，道路拥塞，行人络绎。

我继续去校园牡丹园探看牡丹，看牡丹芽苞展露，看花骨朵暗结，直到花叶舒放，花骨朵绽出一缝微红，想着花就要开了。这一次，隔着百步的距离，我先闻见牡丹的香气，接着看见一园子盛放的牡丹，一色的紫红，正是最熟悉的牡丹的颜色。距离愈近，牡丹香气愈浓。有些花的香气袭人，牡丹花香气浓郁，却容人，香气在明亮亮的阳光中，粉腻腻，暖烘烘。

花开急，放长时间线，这“急”几乎是所有花朵的共性，或者在花的记忆与基因里，有开花之后结果的生命暗示吧。牡丹依然。硕大的花朵绽放，每一枝节都有向外挺直的力量感，花朵硕大，花瓣层层叠叠，每一片都向上、向外打开。花看半开，牡丹偏要冲破这份审美，花朵忽忽地全然绽开，似乎说，开就要开得尽心竭力、尽情尽意。此刻，环顾牡丹花园四围，梅花已经梅荫蒙蒙，早樱只留一袭紫迹，玉兰满树黄雀般的嫩叶，只有晚樱在高处，缀满繁花的细枝随风晃漾，不时飘来落英一阵阵。牡丹兀自绽放，仿佛人耳也能听见牡丹花开的声音。

除了欣赏牡丹的美，让牡丹出现在我们的日常中，比如搪瓷的各种盆子，可以和面、洗脸，甚至吃饭喝水盛菜的碗盘杯盏之上，在嫣红绸缎的被面上，在新娘子的绣衣上，在老者居所的四扇屏上。牡丹花的美好是可以大大外延的，审美之外，人们也不忽略牡丹这份美背后的实用性，比如希腊神话传说中，牡丹是众神的医生派翁死后变的。牡丹的根含有芍药醇和甲基水杨酸盐，有抗菌疗伤的功效，用于多种医疗。而丹皮，是一味中药的名字。

即便牡丹已深具艳冠群芳的美，但求新异却是人不懈的努力。于是就有了“姚黄”与“魏紫”，两者为牡丹中的极品。欧阳修有诗句，“姚黄魏紫开次第，不觉成恨俱零凋。”诗句里的“魏紫”，是千叶肉红花，出于魏相魏仁浦家，“姚黄”是千叶黄花，出于民姚氏家，时人一并称奇，谓之“姚黄魏紫”。千年前的两样牡丹因其美丽为人称赞。之后，魏紫姚黄成为牡丹的别称，成为奇花异卉的代名词，也用来比喻所有珍贵或杰出的事物。

时至今日，魏紫姚黄这样的奇牡丹，在一千四百多种人工培育的牡丹品种中，也可遍植于寻常百姓的花园中了。除了传统牡丹的粉紫，黄的、白的、绿的、红的，甚至黑的牡丹，也能见到，甚至可以让一朵花放出两种颜色，正是牡丹中的“二乔”。对大多数赏花人，只是一眼一望，看见了，赞叹了，离开了，而已。但对以牡丹新品培育为一生追求的人，每一新品的推出却是漫长的时间付出、努力和等待。常常，一个新品从繁育播种，到开花需要数年，数年之后，牡丹花开，开的花是何模样，够不够好看，够不够新颖，需要进一步遴选，此后重新种植，再需数年等待开花，此番新花是否生长稳定，是否产生变异，花色以及花型是否足够好，足够稳定，之后，还要待专门机构评选认定后，方可“上新”。如此算来，一款新牡丹花的培育也是需要十年。十年，想来对每一个人，都是不短的时间。

一千种花朵的牡丹花园或许是你在洛阳能见到的场景，若用成语说，该是五彩缤纷、姹紫嫣红、目不暇接吧。只是，站在校园的牡丹园边，牡丹美好动人的香气一波波送来，眼前这深深浅浅的紫与红似也能叫人领略千朵万朵牡丹开的盛景，想起药圣李时珍说：“牡丹以色丹者为上。”当然，他指的，可能是牡丹的药性。

万花朵朵，且向这一片看。细看之下，竟有新发现，我看见牡丹园中也种着荷包牡丹，与牡丹的雍容华贵相比，荷包牡丹却要活泼得多，荷包牡丹的每串花上都有十一朵花，花朵绯红，像红心，也像铃铛，一朵朵花朵串集在一起，小巧、活泼又腼腆。两相比照，颇为有趣。

暮春的煦暖中，遥想不久前还是黑魆魆火烧一般的光秃的枝秆，此刻竟然盛放着如此绚烂硕大的花团，叫人有点恍惚、惊诧，关于时间，关于成长，关于生命力。

想起一位诗人的赞叹：牡丹看得久了，真可叫人看得入迷。

而所有形容牡丹的词语中，如果只用一个词形容牡丹，我愿意用“自信”一词。因为自信,所以不屑炫耀,所以笃定,所以稳静,所以堂堂。

鸢　尾

思源湖边的鸢尾花开了，蓝色的居多，这片鸢尾花地呈玲珑的新月形，贴着湖岸，很像是一弯蓝月亮。

小小的花地，细看也很丰富讲究，鸢尾花以紫色的蝴蝶鸢尾最多，顾名思义，蝴蝶鸢尾花大，枝头俏立，翩然欲飞，宛若蝴蝶。也有不多的几枝黄色、肉色、白色的德国鸢尾，只几朵，有聊备一格的意思，德国鸢尾株型高，花朵大，远远一眺，像白鹭群里站着几只鹤，叫这片鸢尾花地霎时生动。

知道鸢尾花的花名早了，见识花朵，却是近几年的事情。

很多年前，舒婷写过一首《会唱歌的鸢尾花》，诗长，意向繁复，比喻密集，眼泪、欢笑、叮当响的月光、呼吸的清风、宽宽的手掌……猛一见，觉得那就是写给爱情的诗歌吧，再读，又觉得未必是。那时读诗，像走在一条布满分岔小径的大野地，有顾此失彼的瞬间迷茫，索性不再追究诗究竟指向什么，但鸢尾花的意向却深留在阅读的记忆中：鸢尾花是怎样的一朵花？鸢尾花一定是美的，但究竟怎么个美丽法？鸢尾花香不香？什么味道的香？时光流逝，疑问保留多年。后来看到凡·高的画——《鸢尾花》《花瓶里的紫色鸢尾花》……看在眼里，心底深深地震动一下，这就是鸢尾花啊。果真美。再后来，身边的公园、小区园内、随处的一方绿化地，有了许许多多的鸢尾花，身临花地，知晓鸢尾花的样貌，确切知晓了鸢尾花的色与味。年年看鸢尾花开花谢，鸢尾花开时惊艳，花开过，只剩蓝绿的叶子，挺在夏日的骄阳下。

留意到湖边的鸢尾花地却是隆冬时节，那时轻雪覆地，草木零落，草本的鸢尾贴地而存，但常识指引观察者，那藏在泥土中的球根时刻聚集着能量，只等春风唤，雨水至。暮春初夏，果然再次绽放出一地美艳的花朵，蓝莹莹，风来，花朵翩然欲飞，却被花秆紧紧抱住，扑闪抖动着，分外动人。湖水掀起涟漪，风中满是植物的香气。

凡·高画中的花朵似乎植物性和动物性兼备。向日葵，鸢尾花，盖如此。他的鸢尾花弥漫着光焰与蒸蒸热气，仿佛每一朵花里都住着一位花神。他运用色彩从不吝惜顾忌，像孩子一样任性直接，只有拥有天才的率性和疯子的不拘泥，才能拥有那般奇谲的构图、布局及用色。《鸢尾花》占据大片画面的是盛开的蓝色鸢尾花，蓝得绚丽富有层次，深蓝深邃似海沟，浅蓝明丽似海波，观画，我无数次想象画作者在调色板前运笔的动作，和他看画布时眼睛里的光，始终难以揣度凡·高的内心，就想，世上最能理解体会凡·高的，或许是他画作中被他定格、熔铸了生命和灵魂的那些花朵吧，比如向日葵，比如鸢尾花，它们是凡·高现实生活中和弟弟提奥一样重要的知音。看凡·高的《鸢尾花》，每一朵花都不相同，每朵花都拥有自己的空间，有自己独一无二的线条，眼前花朵栩栩如生，观画者恍惚自己能够穿越时空，代替凡·高站在那些花前，像他一般放低角度，放低身子，而让花朵站立起来，花与人，一时间物我两忘，犹如庄子在思考蝴蝶是庄子，还是庄子是蝴蝶。

另一幅《花瓶里的紫色鸢尾花》，那些瓶子里的蓝色鸢尾在瓶子里如同在泥土中一般，仍然充盈生长的力量，叫观者难以把瓶花想象成一束即将枯萎的花。如此活力满满，仿佛画家只是把那几株鸢尾花从泥土中搬运过来而已。

深思悠游，回到我蹲着的湖边花田，我确信眼前每一朵鸢尾花都经得住细看，花叶绿中透蓝，随性也倔强。蓝色鸢尾一眼望去就足够动人的蓝色，初看惊艳，看久了会觉得花蓝得内敛，花蕊有神秘的纹理，像难测的图谱，是花朵的密码。近湖岸处正有一朵白色的鸢尾花高高挑出，偏脸一侧，肉色的鸢尾和暴露的一点土地，多像凡·高画作中野菊的赭红与土壤颜色，我再次觉得感动，湖边现实中的这片花地其内质和凡·高的画作何其相近相配，一样拥有生命本真的力量。正是上课时分，湖边寂静少人，这足可叫我长久在这片鸢尾花地边流连，叫我越发觉得鸢尾花是充满灵觉与感知能力的花，思绪不断在凡·高画作和眼前的花朵间切换，终究不确定是艺术定格了鸢尾花的非凡,还是鸢尾花的生机催发了艺术家的创作灵感。诗人与画家，诗歌与画作，近似的情感涌动。

鸢尾花是鸢尾科鸢尾属多年生草本植物，从温带到热带都有分布，有三百多个种类，花色也丰富，有蓝色、紫色、黄色、白色、肉色。即便一个紫色，也不是单单一个“紫”字形容得了，成语有“万紫千红”之说，鸢尾的紫，有黑的紫、红的紫、蓝的紫，有浅紫、深紫，实在难以一尽描述。而每一种鸢尾花，都拥有各自的美好，比如长叶鸢尾、山鸢尾、虎皮鸢尾、蝴蝶鸢尾、西班牙鸢尾、日本鸢尾、德国鸢尾……哪一种鸢尾不美呢？难怪鸢尾花会得到园艺界普遍的青睐。至于鸢尾花的香气，鸢尾花的香在根块，从鸢尾花根块中萃取的香露是制造香水的重要香源，包括香奈儿在内的许多香水都用鸢尾花做基础香。

鸢尾花是接替春夏的花，草本的鸢尾花在花期过后似乎少了很多的观赏性，深秋甚至隆冬时节，地面上也只有零落的根叶紧贴地皮，显露此处曾经是一片动人鸢尾花田的存在，但热爱鸢尾花的人愿意耐心等待，等待鸢尾的新芽从硬邦邦的冻土中苏醒，拱出地皮，继而开枝散叶，探出第一支花箭，直到开成一片明亮动人的鸢尾花田。

舒婷在《会唱歌的鸢尾花》中写“一边是重轭、一边是花冠”“痛苦的风暴在心底 / 太阳在额前”。重轭与花冠，风暴与太阳，或许每一朵鸢尾花都体验过。画下《鸢尾花》的凡・高主张：明亮一些，再明亮一些。在湖边这片鸢尾花地边，我深切感受到凡・高所言的明亮、活力以及清新气息。

蔷　薇

临近校园东花园，闻见蔷薇花的香气，急迫的心随之一缓，等加紧几步赶近些，看见满架蔷薇花开正紧，心里暗喜：这回不迟不早，赶上花开正好。和牡丹园边攀附在篱笆上的红色蔷薇相比较，东花园的满架蔷薇更美好些。走向花，心里不觉浮出对应眼前景致的一句诗："满架蔷薇一院香"，但转念觉得不妥，眼前分明有两架开花的蔷薇么，这一架蔷薇的形容该给哪架？于是念一句给南边那架，再念一句给北边那架，再看东花园这两架蔷薇，玫粉色的花朵垂坠花枝，香气交织，实在难分伯仲。

写蔷薇花的诗句多："朵朵精神叶叶柔，雨晴香拂醉人头"（杜牧）；"梁燕语多终日在，蔷薇风细一帘香"（李清照）；"尽道春光已归去，清香犹有野蔷薇"（金梁之）；"山麝时时暗袭人，蔷薇露湿满枝春"（唐仲友），这里不再赘述前人诗篇，但偏这句"满架蔷薇一院香"的句子最能传情达意，似乎诗人写诗时脱口而出，读者读后，也常可脱口而出，几乎成为每回看见蔷薇花时最直接的感受与联想。可见，好文采也需建立在平白、朴素、准确之上，这句诗平白、朴素、准确、简洁地把蔷薇花的特点一语说尽。蔷薇花为藤本植物，生命力旺盛，撑起时藤花满架，而花饱满的香气，能盈满一个院子，至于溢出墙外，那也是自然而然的事情。这首《山亭夏日》的作者是唐代诗人高骈，全诗是这样的："绿树阴浓夏日长，楼台倒影入池塘。水晶帘动微风起，满架蔷薇一院香。"

我几乎是在读到这句诗之后才知道蔷薇之名的，但我认识蔷薇花早在几十年前。那时候，我们管蔷薇花叫"刺玫儿花"。"刺玫儿花"深入到我童年的记忆深处，其间的花事人事，至今可叙。

我度过童年的那个村子深居秦岭腹地，云卧山头，水绕村前，等后来长大些读许多唐诗宋词，就觉得许多诗句写的就是我那时候的所见，恍惚诗人写诗时参照了我们看到的平常景象。山村植被天然，但这一点不减弱人们在自家门前栽花种树的热情，且几乎家家选择花木的侧重点都不同，除了一些为生计盘算栽种的果木树，种了只图看花的植物就相当于是在追求纯精神的享受，但这对于村人同样必要。于是，你喜欢牡丹，他喜欢木槿，而她可能喜欢结香、玉簪和迎春，总之，谁喜欢什么谁就种植什么，自家场院自家做主，这倒好，乡村民居的审美很是丰富多样。

在我们那个傍山抱水的村子，靠近山根住着一位年轻木匠，木匠屋后的坡叫桦树凸,长桦树、橡子树,还长槲树和槐树。春天,我们去那里捋槐花，一嘟噜一嘟噜的槐花悬在我们脸边，用它们的香气拍打我们的脸，端午前一天我们会去那里摘槲叶回家包粽子,夏天我们采蘑菇摘木耳。常常走到木匠门前,遇上他在,总要摘树上的果子给我们，李紫红，杏金黄，我们享受着木匠的赠予，赞叹木匠到底是木匠，如果人有火命水命，那木匠大概是木命吧，木匠是木头的知音，也因此，他家的花与树才长得那般好。没有果子的时候，木匠就折花送我们，木匠院子里有一棵高大如树的“刺玫儿花”，刺玫儿花攀缘着一棵百年老皂角树长，一年年，竟然长到半空中去了，婆婆娑娑，垂坠而下，开花时节是花朵的瀑布，真是傲娇到无词赞美，好看到难以形容。刺玫儿花花瓣重重,花朵繁密,花期也长,木匠又慷慨大方,他用剪刀剪了花，用青桐树叶一一包好，递给我们，我们手捧鲜花回家，把花转赠给母亲。母亲把花插在装满清水的玻璃瓶里，笑眯眯地夸赞木匠人好，手艺同样好，说木匠做的家具能用一百年。

木匠是手艺人，一个村庄都需要他的手艺。木匠出这户，入那户，打造出一个村子人家的家具。常常木匠走在村路上，身边总是跟着我们，跟着他，看他平复裂纹、修理疤痕、显露树的年轮。榆木、核桃木、梨木堆在他身前身后，刨花在他的手上开了，又开了。他一天天活在木色木香里。木匠是个惜材的人，大材大用，小材也会被他用到恰切处，木匠就是木的伯乐。

木匠是活得最幸福、最了不起的人吧。我们大概都这么想，我们还暗自愿望着木匠能把他的幸福与了不起和另一个人共享，比如木匠会在某一天早上醒来，在屋后林中鸟雀的婉转啼鸣中得到启示，愉快地走到门前采了芬芳的刺玫儿花，用宽大的青桐树叶包了，走到我们小学，去敲我们美丽的、单身的戴芝兰戴老师的房门，去向她求婚。即便木匠不模仿电影里男主角的动作和台词，也会相当迷人，也能取得胜利，赢得戴芝兰戴老师那颗孤独高傲，同时又是柔软脆弱的芳心。

我们天天这样幻想着、盼望着。让那个少小没了爹娘，又远离故乡，在没有一个亲人的山旮旯的戴老师，从此回归她公主般的现实生活。我们幻想美丽的戴老师可能是童话里的公主，而木匠，也许正是另一则童话里被魔咒诅咒了的王子呢。现在，当他们遇见，魔法消失，爱苏醒。我们相信美好的事情随时可能发生，因为你看木匠，他在出工或傍晚回家的路上，倘使遇见了戴老师，总会远远站住，侧身相让，微笑着目迎戴老师走近，低低地问候一声：戴老师早！即便两人相遇是在傍晚，他也准这么说：戴老师早！然后，要等到戴老师走过他身边，走远，不见，他才会重新挪步到路中间，接着走他的路。他会悄悄微笑，笑容里的安然满足让看见那笑容的每一个人都会心生感动。

肯定你也看得出来，木匠和我们一样，是深深喜欢着戴老师的，但是，他怎么总不向她求婚呢？

我们偶尔会设想出一个画面，美丽的戴老师高坐在木匠为她搭建的秋千上，秋千悠然晃动，使她衣袂飘飘，秋千架边，正有木匠家那株高茂如树的刺玫儿花盛放着千朵万朵美丽芬芳的花朵，用一树香气为眼前两个人的幸福生活唱着赞美的合唱。

收回思绪，眼前是明媚的校园东花园，我看见蔷薇花架下的读书人，若是此刻她的书页中恰好落进一枚落花，而她让花瓣停留在书页中，多年后，会不会在她偶尔翻到那一页书时怦然心动，随之陷入深深的思索呢？

我童年记忆深刻的"刺玫儿花"是粉红色的，东花园的这两架蔷薇是玫瑰灰色的。植物学的谱系如此界定蔷薇：蔷薇（拉丁名 Rosa sp.），是蔷薇科、蔷薇属植物的通称，主要指藤蔓蔷薇的变种及园艺品种。原产中国，落叶灌木，变异性强。茎有刺，花生于枝条顶部，花有白色、黄色、红色、粉色、紫色诸多颜色，果实为圆球体，耐寒，有野生和众多园艺品种。

由此看，我童年时乡下人称蔷薇为"刺玫儿花"真是准确又形象。而这一刻，童年那株粉红色刺玫儿花的香气和我眼前花园中玫瑰灰的蔷薇花的香气合二为一，难分彼此。

月 季

看前人给月季命名，一名长春花，一名月月红，一名斗雪红，一名胜红，一名瘦客……一个名字一个名字念，大概能知晓月季的特点：红，且胜红，且能月月红。老话说“花无百日红”，但月季能月月季季开，这就胜出了一般花的红，拥有“长春”之意。至于斗雪红，顾名思义，是有些品种的月季，在飘雪的冬天也开。至于瘦客之名，大概是说众多月季品种中某个与众不同的月季品类吧。

虽说月季常开，但校园五月盛放的月季最有气象，真是“千朵万朵压枝低”。时光大道两边的树状月季挺拔如树，花朵硕大如看花人的脸，朱红、嫣红、粉红，甚至一棵上能开两色花，花朵喜洋洋，热烈，热情，罗列道路两旁，像生长的活泼泼的瓶花，也像红衣美人列队。更有俏皮地攀爬在藤篱石墙上的藤本月季，品类花色尤为丰富，繁花朵朵，向着高处一路开去，开出一条花的溪流，香气流荡，人站花溪前，心旷神怡。最耀眼的，还数湖边的树月季，湖畔坡岸，空阔又临水，这一团团活泼泼的红花，恍惚游上岸的锦鲤，着实惊艳人的眼眸。

月季为灌木，好养护，对土壤气候的适应性广，所以处处有。《群芳谱》说月季，“青茎长蔓，叶小于蔷薇，茎与叶都有刺。花有红、白及淡红三色，逐月开放，四时不绝。花千叶厚瓣，亦蔷薇类也。”所以月季被视为吉祥花，是常伴民居的家常花，百姓喜欢，帝王也喜欢，皆大欢喜。自然生长之外，月季盆栽，作为插花的历史久远，久而更知花习性，找到叫花长开长红的方法，“凡花开后，即去其蒂，勿令长大，则花随发无已。二种虽雪中亦花，有粉白色者，色相甚妙……”养得好的，雪地冰天中也能开，可见“斗雪”之名不虚。

月季是北京的市花，文化意义之外，市花也常是一个城市的代表性花木，北京的气候适宜月季生长，月季开得好，开得久。清朝时，月季就是常种花，意大利传教士——画家郎世宁来中国，受到康熙帝召见，从此成为清宫画家，他画下许多中国画，月季常入画作，比如《万寿长春图》很像是一幅园中即景，月季、石竹、蓝菊傍石而生，红花绿叶交辉，生意盎然，象征意义更是从画名可显，寓意健康长寿。据说另一幅《黄刺么与鱼儿牡丹》最受乾隆喜欢，“黄刺么”即黄色月季花，因茎上多刺，俗称“黄刺梅”，谐音为“黄刺么”。再有《花荫双鹤图》，画中月季盛放，花香似可闻嗅，花棵下，一只丹顶鹤正安然整理羽毛，另一只歪头对两只小鹤，鸟世界也是一派欢洽。慈禧太后令人在颐和园长廊两侧广植月季，赏月季花外她还画月季，月季花是她画笔下最常见的花卉，也绘制在御用瓷器上，比如有月季藤萝绿地粉彩花鸟纹高足盘，有月季蝴蝶花瓶。《红楼梦》中，曹雪芹借书中人物之名写过许多关于花的诗章，月季花也好几回出场，在第十七回，元妃省亲后，赏赐给贾母的是绘有牡丹、月季图案的“富贵长春”绸缎。他写大观园里姐妹们玩斗草游戏，一群姑娘在一起比花，这个说“我有星星翠”，那个说“我有月月红”，大观园中的日常生活气溢出书页。

在更广大的世界范围，月季也受到普遍的喜爱，有画为证，亨利·马蒂斯的画作《窗边的萨弗瑞月季》，蓝色花瓶中插着一束粉色月季，在那扇对着碧海的窗口，这有繁花美景的可爱房间如此温馨动人。画月季，他有心得：“没有什么比画月季更难，画月季之所以难，因为他必须首先忘记所有前人所画的月季。”“我梦想的是，创作一种平衡、纯净和宁静的艺术。”看《窗边的萨弗瑞月季》，他其实已经抵达如此境界，蓝色花瓶中的月季，沐浴在蓝色海岸愉悦的光线下，纯净、宁静。另一位画家约翰·辛格·萨金特用了两个夏天才完成他的那幅《康乃馨·百合·月季》，据说这幅画让此前对他挑剔不已的客户和批评家回心转意，画作展出，好评声一片，画家也迎来职业生涯的高光时刻。

这个下午，我在学院图书馆门前的花坛边见一位年轻的美术老师带着学生上写生课，现场点评修正学生们的作品，其中一幅月季图，叫我想起约翰·辛格·萨金特的那幅画，用他画中的花朵、人物对应我的眼前所见，花朵一样美丽，场景同样温馨，人物情态好看如画中画。在她们身边，一株株月季高过人头，花团锦簇，似乎叫碧蓝的天空都低了几分，花香四溢，沁人心脾。

离开画月季花的师生，我往湖边走，一边想起我的外公，那个热爱庄稼地如将军热爱兵阵的老人也爱种花，尤爱种月季与玫瑰，耳濡目染，很早教会我区别月季与玫瑰，是一眼望去就知道分别的那种熟知。而我一位女友却正相反，她爱月季花，又有自家小院，于是网购月季花在自家院子栽，第一年花长势极好，开花无数，女友在花下看，隔窗看，犹觉不够，大有秉烛看花的冲动，好在花多，可以时时剪花瓶插案头上看，第二年，花依然开，却不再开大朵的月季花，改开细小而密集的蔷薇花了，这才知道她上一年不断剪花，把顶端嫁接的月季枝剪秃了，只剩底部用来嫁接月季的蔷薇枝，从此长了见识，知道月季可以凭借蔷薇嫁接而成。

月季也常顶玫瑰之名代替玫瑰出场。比如当爱情需要以花表情达意时，那用来代表爱无穷极的九百九十九朵玫瑰花，若细细追究，可能要说成九百九十九朵月季更准确，硕大的颇具分量感的生机盎然的花，需要双手郑重接替，如此隆重，怎就不能代表爱情，想想月季的另一名字“长春花”，这九百九十九朵月季花的表达十分吉祥，百般妥帖。而玫瑰呢？玫瑰花瓣薄软多皱，花盘子也小月季很多，更多密刺，手不慎碰到玫瑰的刺上，如光腿磕在仙人掌上，尖锐地刺疼，但玫瑰从来不会兀自凋零，在人类的香水制造和鲜花美食上，玫瑰几乎供不应求。

知道这些，假如某天怀抱里有了九百九十九朵花，也不必较真花是月季还是玫瑰，赠花者是一样的人，是同一颗心，那是九百九十九朵月季，还是一朵小小的蒲公英，意义该是相近的吧。只道花无十日红，此花无日不春风。你看这月季花，多好。

思源湖畔，盛放的月季花前总有学子们的身影，或坐于湖石上，身影和花影倒映湖水，或花前流连，拍照读诗，也有传媒专业的学子，正在拍一个自编自演自导的短剧，不觉想起一句话，在看一朵花时，时光为我们暂缓脚步，且站月季花前，欣赏这开在绿肥红瘦春夏交替处，点染着校园千红万绿旖旎景象的美丽花，分辨出眼前所见是月季花中的“纪念芭芭拉”“红丘”“龙沙宝石”“伊芙胭脂香水”……细嗅花弥漫着昼与夜的芬芳。

睡　莲

五月，湖中的睡莲开了，从第一片莲叶浮出水面，到第一朵睡莲花开，到半个湖面被睡莲花点缀成花湖，魔术般叫人惊诧赞叹。从早春到初夏，思源湖岸曾上演过一场花的接力，蜡梅尚未退场，梅花已然绯红，早樱胜雪，晚樱如云，鸢尾竞秀，月季着锦，更有石榴花开似火，而紧贴湖岸的红白忍冬花用清远的香气昭告自身的存在，也许一粒随飞鸟到来的茅莓的种子在石缝中栖身，之后发芽生根，开枝散叶，开出累累繁花，花枝低垂向水，给湖平添了许多的野趣与生动。而眼下属于睡莲，美丽的、安静的、明亮的、神秘的、节制有度的睡莲开了。

新一天，天光刚显露出一丝白，第一只早起的鸟就发一声鸣叫，之后它保持一样的调子：皎，皎，皎，终于另一个声音应了：唧，唧啾——唧啾。于是，皎皎，唧啾；皎皎，唧啾。声声变换，这样有三分钟吧。稍后，唧唧，啾啾，佳佳，种种难以形容的鸟鸣声，长的短的，高的低的，悠扬的短促的，嘹亮的低沉的，众多鸟鸣声渐成合唱，听鸟鸣的人终究分不清它们是鸟中的谁谁。这时候，湖边晨读的学子出现，一个，又一个，树下站着读，石凳上坐着读，也有原地踏步读的，鸟鸣声、学子们的晨读声，声声入耳，而此刻的湖面，睡莲安静着，花瓣闭合，似乎回味着夜梦中清露的味道。

之后，第一缕阳光照耀到这片长满睡莲的湖面，空气灼热起来，睡莲像是听到阳光的召唤，向上伸展，花盘托举出水面，花瓣次第打开，而此时，看花人却也说不清眼前这一片明亮的花朵中，那朵最大最饱满、鱼儿时时在花下搅动出涟漪的睡莲，是昨天的那朵，还是今天初绽的新花。骄阳朗照的一天，这片睡莲在阳光下奇迹般地开出密集的花朵，花朵倾力盛放，岸上不时人来，走近花，停驻，探看，赞叹，又走开，燕子时时飞临湖波，打个旋，凌波照镜一般匆匆一瞥，旋即飞走，轻盈的翠鸟凭借睡莲叶子的托举，如跳芭蕾般从湖的这头到那头，不时俯身，快速啄食一口，之后，忽然地，就起飞了，转身飞远，消隐于岸上槭树的一片火红中去了。回到眼前，仍是这一片开花的睡莲，碧空照湖，花树倒影。

白天过去，待到天光渐渐暗淡下去，晚霞又起，新月来照，半湖晚霞的热闹，半湖新月的明净，蛙鸣声渐响渐喧，接着湖上的灯亮起来，睡莲却在收拢它的花瓣了，一点点收拢，最后，在渐浓的夜气中，睡莲终于闭合了全部花瓣，似乎沉陷于又一个梦境中去了。睡莲何以叫睡莲，睡莲睡觉吗？现在，似乎有了答案，阳光下开放，暗夜里闭合如睡，这就是睡莲名字中那个“睡”字的由来。至于睡莲为何会在暗夜闭合，研究者认为那是花朵为控制温度采取的方法。思源湖边这一次对睡莲细致的观察，也叫我弄明白我那次买睡莲鲜切花插花不开是何缘故。蓝色睡莲花是网购来的，网上好评度颇高的店家，花到我手上状态也良好，我严格醒花，找合适花高的水瓶，盛水过半，清水供养，想象着过一天会有一瓶蓝色睡莲盛放瓶中，等啊看啊，花苞似乎被我看大了一点，又大了一点，但总不见花瓣恣意盛放，再过两天，眼前花朵竟显出颓势，似乎再无力盛放的样子，窗外雨声潺潺，空气湿漉漉如我的心情。思源湖上这一次对睡莲的观察也叫我终于明白，是窗外连日的雨声醉眠了我的瓶中睡莲，喜光的睡莲在数日闭光的环境里耗光了开花的能量。由此看，要买鲜花睡莲回来瓶插，选花重要，你居住地连日的天气是否能有太阳朗照到你的睡莲花上同样重要。

观察睡莲的美姿，总会联想到莫奈，想到他创作的无数《睡莲》。这个初夏，我坐在湖边，眼光在半湖睡莲和莫奈的画作中不断切换，看入水的花木倒影，看天光云影，看摇曳的石竹，看月季在湖水中涂抹的红，看映入湖中的那抹红色时浓时淡，看千变万幻的绿，看湖中诸物随天光的变化而变化，看湖波有风无风时的无穷变幻，不觉心生恍惚，把眼前的思源湖和画家的调色板两厢模糊。我甚至在眼前的思源湖中看见了莫奈的一幅幅《睡莲》，色彩的斑驳，光影的重叠，四围景色对睡莲的映衬，一一选取重构眼前的睡莲，我再次看见画家画作中的写实性：长久的观察，多重角度的成竹在胸，笔下的熠熠辉光。

有人说莫奈的画作中没有黑色，湖中也没有黑色，当夜晚来临，湖水中倒映灯光、星光、月光，蛙鸣虫唱，叶底游鱼不时弄出一两声唼喋（音 shà zhá），这所有的所有，都闪烁着生命的光辉。

在更深的深夜里，只有月光融入湖水，此刻的睡莲，像睡在湖波上敛着翅膀的天鹅。只待新的一天，阳光再次一点点地点亮湖水，点亮这片湖中睡莲，湖中蛙鸣声渐息，睡莲醒了。几番开合之后，浮在水面上的睡莲终于开败，于是沉没于水面下，慢慢长出新的小睡莲。

“半亩方塘一鉴开”，湖亦如明鉴，天光云影，飞鸟草树，蛙鸣虫唱，许多的美与好。湖边师生学子交流，提问解答，辩论讨论，求同存异，思源湖包容这些，加持这些。

“四时之景不同，而乐亦无穷也。”这句式显然也适合用给思源湖。四季不断轮回，风景时时新鲜，青春的身影与力量，是湖的恒常。

体会，记忆与珍存。

最后科普一下睡莲。睡莲，又名瑞莲、子午莲、茈碧花等，被誉为“水中女神”“花中睡美人”，是名贵的水生花卉，因其夜晚花朵闭合，故称为睡莲。睡莲和荷花花朵相似，花香近似，但睡莲和荷花没一点亲缘关系，荷花属“莲科”，睡莲属“睡莲科”，这是植物学上的分别，现实里常有人把花朵和叶子挺出水面的称为荷花，叶子和花朵浮于水面的称为睡莲，但这区别方法有误，因为荷花叶子初长时候也是浮于水面，也有花朵挺出水面能在风中摇曳的热带睡莲。区别荷花和睡莲最简明的方法，一是看叶子，荷花的叶片叫“盾状生”，就是叶柄直接杵在叶片中间，整张荷叶看上去还是比较圆朗的，睡莲的叶子有个缺口，不管缺口大小，睡莲叶子都有点缺，叶柄就在这个缺口的夹角处。第二个方法是看花，荷花的中间都有一个莲蓬，莲蓬坐在“花托”上，莲蓬头是荷花的雌蕊，结莲子。睡莲没有那个莲蓬头。新生的睡莲是开败的睡莲花没入水中再长出小水莲。

最后来读一首古人写荷花的诗：“采莲南塘秋，莲花过人头。低头弄莲子，莲子清如水。”

顺便说一句，大家常说的碗莲是荷花而非睡莲。

荷花玉兰

若有人问：有无清清爽爽，开在大树上的荷花？

不妨脑筋急转弯般地回答：荷花玉兰算不算呢？关于荷花玉兰名字的由来，有人这样解释：花香气似白荷花，花质细腻如白玉兰，故名荷花玉兰。但荷花玉兰明显不同于前两者，荷花为水生植物，玉兰为落叶乔木，而荷花玉兰株型高茂叶革质，常绿。

校园的荷花玉兰树可真是多，树大概属于同一时期种植，每一棵树，不管长在平旷处，还是建筑旁，都高茂挺秀，树冠庞然，端正如君子，婆娑如慈妇，人爱悦，时时花树下流连，鸟雀也爱悦，鸟雀时时来，脚踏花枝，歪头啄食几口硕大花朵里的花蜜当零食，不似蜜蜂一门心思专注于采蜜这一件事情上。这是好看的校园夏日景象。

荷花玉兰在五月进入盛花期，花朵在暖风里攒足了劲儿，次第绽放，高一朵，低一朵；这里一朵，那边一朵；有一朵独秀的，有两朵并放的，有三朵错落开的，无论何种序列都优雅美丽，花大如盘盏，树又高挺，多数时候，人仰视才能见花半边，但仗着树多花密，又依赖诸多建筑的依傍衬托，人能多角度、近距离地看花，人和花脸对脸对视时，近到人和花能感受到彼此的呼吸，荷花玉兰扑鼻的花香气迎脸来。想起汪曾祺先生写栀子花，说高邮那边称栀子花，就叫“碰一鼻子香”，真是最形象的比喻，我就想象人若俯脸闻嗅荷花玉兰，该叫“染一脸香”吧。人脸未曾挪开，蜜蜂来了，嗡嗡嗡，蜜蜂宣示地盘意识，很豪横，很不畏惧人，扇动翅膀，就有熟透了的花蕊重重沉落，却被硕大的花瓣兜住，蜜蜂就在那些花蕊上吸吮花蜜，人扰花动，蜜蜂只一味沉溺于花蜜的好滋味，不以这点惊扰为怪。

五月到七月，都是荷花玉兰的盛花期，硕大的白玉般的花朵开了，谢了，又开了，叫看花人有种“苟日新，日日新，又日新”的恍惚感，似乎美好的时光借此延展。荷花玉兰开如此硕大花朵，自然需要源源不断的能量供给，荷花玉兰叶子背面的黄锈色，常常给人视觉上的错觉，误当新叶，也误当枯叶，但终究以为是新叶，因为确实有鲜嫩的芽叶在枝头时时冒出来，即便寒冬时节也生新叶，实在显示其蓬勃的生命力。据说叶背面的这层黄锈色其实是荷花玉兰在漫长的生命演化中获得的生存智慧，即利用这层黄锈层增强光反射，把太阳的能量借足，充分积攒能量，以供养枝头硕大的花朵。

荷花玉兰的花苞白中透出隐隐的绿，恰似尚未着墨的巨大毛笔头，花半开时，又像巧做的白玉盏，待花盛放，又似白玉碗，有白玉之质，白荷之雅，难怪要叫荷花玉兰，其明艳动人，叫看花人时时惊喜，时时赞叹。

荷花玉兰属于古老的木兰科植物，花瓣和萼片合为一体，花瓣质厚而重，盛开的荷花玉兰树下久立，常有花瓣跌落，擦脸而过，擦耳而过，擦肩而过，噗噗有声，这样的时刻妙不可言。细看那些尚在枝头的白色花，每一朵都有表情，有的天真喜悦，有的稳重凝练，有些平定如打坐中，有些似乎和时间拼着手腕上的力气，终于把持不住，放肆笑一声，于是花蕊纷纷落，却被硕大的花瓣兜住，蜜蜂沉溺甜蜜的诱惑中，闷头不作一声响，眼见着蜜蜂的身体圆滚滚起来，不会是被过于丰沛的花蜜滋养胖了吧，人也惊叹，蜜蜂长时间吸吮花蜜，那些花蜜都被蜜蜂藏哪里了？

看荷花玉兰久了，看出花朵的构成，每一朵盛放的荷花玉兰，都有九个或十二个花瓣，花瓣分层张开，最里边的三片小花瓣，细腻地呵护着花蕊柱，小花瓣微微合拢，半遮半掩着花蕊柱，不叫花被强烈的风吹，被猛烈的日照，有时一瓣打开，另两瓣恰呈拥抱姿势，贴切美好，观者为之动容。

虽然盛夏属于荷花玉兰，但即便飞雪的隆冬，荷花玉兰也极好识辨，厚革质的叶子绿意盈盈，在飞雪中，在冬阳下，实在是显著的存在。我曾拍下校园冬天的荷花玉兰图片给广东的朋友看，朋友删繁就简，说，这是玉兰啊。但对于北方的我，叫玉兰的花一定是另一种花，玉兰花校园也多，白色的，紫色的，复色的；单瓣的，复瓣的，都有。而荷花玉兰也叫广玉兰，是因为原产北美的树木在一百多年前经由美国人引进到中国来时，第一落脚地即在广东，这也是荷花玉兰常叫广玉兰、洋玉兰名字的由来。

据说有树龄超过一百岁的荷花玉兰在安徽合肥，据说今天合肥的一些老宅院里，偶尔能见到颇有年岁的荷花玉兰树，有机会的朋友不妨去实地勘察，探个究竟。今天，诸多城市都以荷花玉兰为城市的代表性花树，如合肥，如昆山，如常州，如镇江，如荆州。时至今日，荷花玉兰成为在中国广泛分布的美丽树种。温润的南方气候自然最适宜荷花玉兰生长，白鹿原上校园的荷花玉兰，也能密集地开出洁白硕大的荷花玉兰花，挺拔秀丽的花树,能把花朵送到五层高楼的窗边,站在地面上的人，也能和花朵脸对脸，轻易闻嗅花朵舒畅心怀的香气，这清雅的香气很能削弱炎夏的酷热。

进入六月，又是一年毕业季，漫步校园，驻足在荷花玉兰树下,头顶是盛开的繁花朵朵,树下是借花着学位服拍照的学子,人来人往,俯仰之间,都是荷花玉兰叫人神清气爽的忘俗的香气,这是校园夏日的经典景象,年年岁岁,荷花玉兰用满树繁花迎来无数学生,又送走无数学生。年复一年,花相似,人相似,正青春。

茅　莓

四月初一个细雨蒙蒙的早上，漫步思源湖畔，我忽然看见一蓬茅莓，弓形的枝条垂悬向水，细雨如丝，在湖上织起细密的涟漪，茅莓的倒影如诗如画，我不由心里赞叹，这茅莓可真会选地方生长。最初乍一眼认出茅莓时的惊讶被随之到来的欣喜替代，我欣喜往后可以就近反复观察茅莓，刷新过往岁月中关于茅莓的全部认知。我绕过两块湖石，细察这蓬茅莓，难以为它欣欣然、勃勃然的样子找到一个恰当的量词，一架？一片？一株？一堆？一蓬？对灌木属性的茅莓都不够准确，为了叙述方便，我还是决定暂且用蓬。这一蓬茅莓显示已生长过足够长的岁月，几根粗壮的弓形枝条正是从湖石间的空处冒出，枝条伸向天空，又折垂向湖水，却和水面保持足够的距离，无论视觉审美，还是植物生长的空间合理性，都完美到无可挑剔。

这蓬茅莓何以生长在这里？一个问题冒上心头。梭罗在其《种子的信仰》里，通过长期观察发现一块空地在未有人工干预的状况下，借助风和飞鸟传播种子，依然能在几年后长出一片小小的松树林，把几公里外的松树林复制到这块空地，形成新的一片小松树林。我观察这蓬茅莓，确信这蓬茅莓也非人力有意种植，更可能是飞鸟或者风的投递，或者，最初堆砌那些湖石时，一粒茅莓的种子随泥土而来，之后，一粒种子在湖岸栖息发芽，长出这一蓬大茅莓。

思源湖作为中水处理系统，也给校园派生出许多水的乐趣，湖中可栖息睡莲游鱼，可停云挽霞留月，可倒映花草树影人迹，四时变换，四时常新。岸上高的树木有樱花、月桂、红枫，中高的有月季、蒹葭、珊瑚冬青，低的有鸢尾、芍药、佛甲草，甚至匍匐在湖岸边，开花时能香透整个湖面的红白忍冬也有两株，但这些植物显然仰赖人工种养打理，有规整的园艺布局和审美。因此，这蓬茅莓的出现叫湖溢出野趣，它活泼泼的生命力和洒脱姿态有太多的野性和天然，有更饱满的美与能量。四月初，茅莓已结出第一批花蕾，细小的花蕾成团成簇地拥在叶片之间。之后，整个四月，这密集的花蕾不断增多，不断向外扩张空间，把虚空处充实填满，花蕾由最初的淡绿绽开一层浅浅的粉红，是最古典的玫红色，叫人联想到袖珍型的野生玫瑰。蜜蜂时时来，嗡嗡嘤嘤，吵嚷得阳光普照的午后有了醺醺睡意，但茅莓的花蕾都醒着，一派向阳爱热闹的样子。

我坐在茅莓边的湖石上，思绪纷纷，如果说种子也有命运，那落在不同地方的种子或许拥有不一样的命运吧。现在，被风或飞鸟或一块泥土带来湖边的这粒茅莓种子，凭借湖石稳固的呵护，深深扎根于脚下稳固的泥土，汲取湖水雨露，迎接阳光的一次次照拂，积极生长，开枝散叶，开花结果。而园艺师在一次次的园林打理时，也欣赏接纳茅莓的美丽，确信它除了释放美，还能起到稳固湖岸的作用。这就是天时地利人和。

我想要仔细观察茅莓的愿望得以实现，五月初，最早开花的那些茅莓已经褪去那层漂亮的玫红，变成一粒粒小小的茅莓果实。此刻的茅莓果实低调不起眼，猛一看，以为花谢后闭幕了、归于沉寂了，时光如水流，茅莓却在暗自用力生长，樱桃红了，枇杷黄了，石榴花开似火，茅莓也熟了，湖岸边远远飘来茅莓的气息。细察茅莓，每一根枝条都结满果实，一粒粒果实饱满莹润，透着诱人的气息。想象一下，当你在五月明媚的早上看见结满宝石般果子的一蓬茅莓，没有任何一粒果实缺损，你会有怎样的好心情？虽然此前早在心中预设过，这注定是一蓬除我之外不会被人关注并惦记果实的茅莓，因为我料想校园中这两万多名“00后”学子没有几人认识这属于山野的茅莓，更别说会惦记茅莓果实的味道。

此刻，当我看见眼前新鲜可食的茅莓没有一颗果实被人动过时，我的第一个想法是想要这些果实在枝条上多停留些时间。待到夕阳西下，思源湖落满夕阳的金辉时，我摘了一片荷花玉兰的树叶当容器，去摘成熟的茅莓果实，我一边采摘一边想，我摘过这些茅莓之后，会不会有人因此注意到这蓬茅莓呢？我知道，再过些时日，熟透的茅莓果实会吸引来蚂蚁、昆虫，把茅莓果实当成丰美的早、中、晚餐。空气中弥漫着茅莓算不上芬芳但极其特别的气息，那分明是属于大自然和山野的气息，我小心采摘，不叫茅莓的坚刺扎手，也不叫茅莓的果汁沾染到手指，但我的手指还是染上茅莓那难以描述的特别的气味，那气味提醒我，叫我眼前干净的手和记忆中童年的手重叠，黑乎乎的手指甲，是被茅莓汁、青草汁皴染的，童年的伙伴们都拥有那样颜色的指甲，我们也不觉得自己抑或他人手脏。

一片小小的荷花玉兰树叶很快就放满了茅莓，足够我唤醒吃茅莓果子的味觉记忆。我走开，看见湖边三三两两低声交谈或匆忙走过的学子，他们和我，和我手中的茅莓擦肩而过，我不知道他们是否能闻到我手中茅莓散发的气味，生活在衣食丰足时代的他们有他们的命运，不会有谁在意一把茅莓果实的酸与甜。我再次感叹，即便现在山中长大的学生，也多不认识茅莓吧。

难道这蓬茅莓注定只有我一人关注吗？又一天，我在茅莓边赞叹感慨的同时想到上网查阅关于茅莓的信息，网上果然有许多条有关茅莓的提问，其中最多的提问是，你知道茅莓果实能吃吗？你拥有过把茅莓果子当零食的童年吗？提问的人显然早有答案，他只是想要借此提问和不认识茅莓的人分享他吃茅莓的记忆和一段远逝的童年时光，他自问自答：茅莓果实能吃。他甚至分享小时候吃茅莓果实的方法，摘够一手心，一次性按进嘴巴，吞咽掉果汁之后，再细细咀嚼茅莓的籽粒，滋味酸甜，妙不可说。

这回答充满茅莓妙不可说的口感，如我站在茅莓边的心情。

我最近一次去探访那蓬茅莓，我发现在我采摘茅莓果实之后有人摘过茅莓了，我第一次采摘时，努力不叫茅莓有明显采摘过的痕迹。我设想这个我之后采摘茅莓的人和我有着类似的童年记忆，认识茅莓，吃过茅莓，重新见到这样一蓬茅莓时，也惊讶感叹过，当然，惊讶赞叹之后，自然也会重拾吃茅莓的记忆。或者，这个人并不认识茅莓，但好奇，当看到这样一蓬结满果实的植物时决定一探究竟，于是他得到了确信的答案，解决了这是什么植物的果子，这诱人的果子能不能吃的疑惑，并尝试过了。总之，采摘茅莓的这位显然文质彬彬，浅尝辄止，行为倒也不失可爱。

熟透的茅莓果实吸引鸟儿、蚂蚁、昆虫、果蝇到来，人类此时就应避让，把大自然的慷慨赠予让给这些真正的自然之子。

作为蔷薇科悬钩子植物，茅莓在中国从北端的黑龙江到南边的广东都有分布，山坡林下，路旁水边都能生长，耐热也耐寒，不挑剔土壤，有土就能生长。

自从湖边看见这蓬大茅莓，我时时留心看，果然在校园绿化带看见杂在矮冬青中的茅莓，也在球场边隔离护栏上发现攀缘的茅莓，一阵风过，淡绿的叶片泛出灰白色的叶背面，弓形的枝条探索着，努力探寻生长的路径，这里那里，都是积极生长的模样。

萱　草

暑期至，毕业季，校园里不时会遇见拖着行李箱离校的学子，遇见了，得空询问，是毕业了还是本学年结束回家去，有人回答说毕业了，去实习，也有人说，上大二，是考试结束了，放假回家。毕业的，祝福他们前程远大；考试结束回家的，送他们唐代诗人孟郊的《游子诗》：“萱草生堂阶，游子行天涯。慈母倚堂门，不见萱草花。”而眼看着，萱草与萱草花就要见面了。

用萱草和萱草花比喻母亲与孩子，却有典故。旧时称母亲居住的地方叫北堂，“房与室相连为之，房无北壁，故得北堂之名。”“妇洗在北堂。”后以“北堂”指母亲的居室。“焉得谖草，言树之背。”（《诗·卫风·伯兮》）“谖草”即萱草，“言树之背”中“树”在这里作动词，种植之意，“背”即北堂，就是把萱草种于北堂后院。后北堂、萱堂成为母亲的代名词。

校园的萱草种思源湖畔，和鸢尾花田比邻，鸢尾花开过，萱草花开，某天路过那里，看见第一株萱草花开在湖边一块花纹曼妙的石头旁，木与石与花互为映衬，如诗如画。萱草花亭亭玉立，袅娜动人，天空的蓝与白云的白倒映湖面，重瓣的橘红色的萱草花融在这般光影中，生动，明艳，端庄古典。蹲在花边，看湖畔学子们来来往往，再次想到孟郊的《游子诗》，今昔对照，心生感慨。

萱草和鸢尾在叶子的形状色彩上有相似度，但萱草更易被认作百合或黄花菜。区分这三者，有个简单的办法，百合有茎和茎生叶，萱草和黄花菜没有，这样先区别出百合。黄花菜顾名思义，花是纯净的黄色，花朵细长，萱草花短，尤其人工培育的重瓣萱草，更是硕大的一团橘黄色，花被内侧有斑。观赏性百合花极其芳香，色彩艳丽，花朵更为硕大，尤其百合中的卷丹。居住秦岭山中的朋友曾送过我一棵盆栽红豆杉，春天红豆杉边上莫名冒出一株植物，见风长，呼呼呼快速高过了那棵红豆杉，不久开花，花朵斑纹炫目，像是一只老虎藏在红豆杉树后又不能为树遮挡，我急问朋友那是什么，朋友说：百合呀，百合年年开花，叫你看红豆杉叶子，也看百合花开。

遗憾这样的壮观景象我只看过一回，为了盆中红豆杉和百合能得阳光雨露，我把盆移到小区院子里，树和花显然更喜欢在院子长，长得更好了，树开枝散叶，花朵此落彼开，攀满花枝。但是，如此之好惹出了某个人的贪念，我看着那个放花盆的地方空荡荡的，只剩风吹拂，蝴蝶穿梭。

据说卷丹百合的根茎可以食用，我在超市买了一大袋百合回来煮粥。据说食用百合需三年以上生长才能成熟。因此好的百合都价格不菲。遗憾至今没见到一大片食用百合长在地里的景象，但我是熟悉可食百合的球茎的，干的一瓣瓣散开，如干花瓣，丢进碗里发出“克唧”一声脆响；鲜百合呢，一个带湿泥土的紧紧的球状花团，也美好。至于细长窈窕的黄花菜，花朵晒干也叫金针菜，是上好的食用花朵。萱草花广泛种植于园林观赏，有毒，不可吃，尤其重瓣萱草花。

至于萱草如何就成了忘忧草，萱草花如何就成了忘忧花，有一个说法，说萱草花食之能使人昏然忘事，当然也就忘却忧虑了，但是，以“中毒”的昏然为“忘却”的代价，不昏然也罢。又有一说，既然萱草得了忘忧之名，于是古时候当游子要远行时，就先在北堂种植萱草，希望母亲看着年复一年盛开的萱草花，如看见孩子在眼前，借此缓解母亲的思念之苦。这个解释如果拿来对照孟郊的《游子诗》，倒恰切：“萱草生堂阶，游子行天涯。慈母倚堂门，不见萱草花。”

细想，汉语之美常借这些拥有美好之名和寓意的植物来完成，比如“椿萱并茂，棠棣同馨”。《庄子 · 逍遥游》说，“上古有大椿者，以八千岁为春，八千岁为秋”，真可谓长寿树，因大椿长寿，古人由此以椿比喻并祝祷于父亲。而前面说，萱堂指母亲，“椿萱并茂”即父母俱在之意。“棠棣同馨”语出《诗·小雅·常棣》:“常棣之华，鄂不韡韡（wěiwěi，指明艳、光明华美的样子）。凡今之人，莫如兄弟。”“常棣”即棠棣，高大的棠棣树开花繁茂，绚丽明艳。普天下的人和人啊，感情都不如兄弟间那样亲爱。

萱草既是母亲的象征，不觉成了母亲花，因此古人吟萱草的诗句多，梅尧臣道:“栽萱北堂近，梦草故池连。乘月时来往，清歌思浩然。”王冕道:“灿灿萱草花，罗生北堂下。南风吹其心，摇摇为谁吐？慈母倚门情，游子行路苦。”白居易道:“杜康能散闷，萱草解忘忧。借问萱逢杜，何如白见刘。”诗人喜写萱草，画家也爱画萱草。陈淳的《松石萱花图》像是以我眼前的校园里的景象构图的一般，随意取景，石与松与萱花，一样不少，元素都齐备，画意都充足。

至于萱草“忘忧”是否可靠，《本草纲目》里有解释，说萱草的苗和花药用“性味甘凉，解炊热、利胸膈，安五脏，令人欢乐无忧，轻身明目”。《本草注》说:“萱草味甘，令人好欢，乐而忘忧。”《延寿考》中又说萱草“嫩苗为蔬，食之动风，令人昏然如醉，因名忘忧”。

“合欢解忿，萱草忘忧。”“合欢”“萱草”，这些字词在唇齿间诵读时，带给人以美感，而这些字词对应的，恰是植物本身的美。

木　槿

校园里木槿遍布，教学楼周围、图书馆边上、学生宿舍楼前多有种植，尤以田径北路的木槿花开最早最盛，当东花园的木槿才开出一两朵的时候，田径北路那一排木槿已然一树树繁花并秀，把木槿喜阳的天性尽显。阔大的体育场中，助跑的呐喊声，模型汽车的驰驶声，模型飞机的滑翔声，声声入耳，木槿花在喧喧人语中簌簌地落。西方霞光万道，南边终南山隐约，蓝而深静的东面天空，一牙新月明净高悬，这时候的木槿花自成风景。

木槿是夏天的花，当春天的一众繁花此落彼开终究一一谢幕后，木槿开了，明亮的紫色，开在重重繁木的绿意之上，淡雅文静，自带水墨气质。吴冠中画过许多幅木槿画，其中有幅《木槿》最叫人印象深。窄而高的尺幅，墨黑的线条孜孜生长，是木槿遒劲有力的枝条，千朵万朵木槿花浓缩简化为无数的密点，其繁其密生动尽显，木槿暗绿的叶，白花木槿素洁的白，花蕊那一点红，全然可视可近。观画，不觉把过往岁月中所见木槿的生动画面一瞬想起。我想起旧日一个爱花的邻居，他爱花和别人不同，他在自家小院只种两样花，一棵高大的紫花木槿外，余下的只养兰科植物，兰花数盆，点缀在太湖石边，一树木槿是庭院的主角，那株木槿岁月感足，苍黑的树干分三枝均分庭院的空间，木槿枝条老扶幼，幼托老，每到木槿花盛放的六七月，这样一树开满了紫色花朵的木槿衬托在一截白墙上，墙既是花树的背景，也恍如画框。

一年之中，兰盆随季节搬出搬进，木槿始终在那堵白墙前，五个月时间看花，剩下的月份里，看木槿叶枯黄、凋零、在冷雨冻雪之下只剩苍苍的黑枝,却都画意韵味十足。转眼春天到来，黑黑的枝条泛出灰白，细叶一点点抽出，之后的某一天，又是繁花累累万千朵木槿花迎面开。这时，又到盛夏了。

木槿属于灌木，在栽下二十多年后，每一株都高茂如树，最低的花枝也高过人头，需踮脚才能张望盛放的花。清清爽爽的紫，花瓣五片，边缘淡紫，花心深紫，鲜鲜亮亮，每一朵都完美。花片中间簇拥一个嫩黄花蕊柱，中间是雄蕊，顶端是雌蕊的柱头。也有重瓣木槿，花瓣重重，如绸如皱，花蕊深隐。

木槿和它的近亲朱槿以及木芙蓉的花朵十分相似，比如朱槿，常被看成木槿的变种，避开颜色的差别，木槿和朱槿花朵的相似度极高。朱槿因其颜色红艳被称为“大红花”，朱槿也有单瓣和重瓣之分，花五瓣，也有长蕊，朱槿和木槿并放，像盛装的姐姐和淡妆的妹妹，朱槿灼灼如日光闪耀，木槿清爽如沐月辉，热烈与静美，气质自有分别。上古时期称朱槿为扶桑，扶桑是东方神树，在《山海经》中闪耀着神话色彩。到了明代，李时珍解释朱槿扶桑之名的由来，说朱槿“花光艳照日，其叶似桑，因以比之”。

我熟悉木槿花，但第一次看见木芙蓉的时候也犹豫，说木槿吧，虽像但一定不是，木芙蓉树形更为高大端直，木槿显然窈窕，枝条也更柔韧婆娑一些。一番比较仍无确切答案，身边认识木芙蓉的成都朋友索性亮出答案，眼前这两行开花的行道树是木芙蓉啊——成都市的市花。木槿五月开花，花期可达半年，朱瑾常年开花，木芙蓉花期在九到十月；木槿有淡紫、深紫和白色，朱瑾以红色为正，今天人工繁育的品种多达二十多种，色彩更是丰富，木芙蓉花初开为粉色或白色，开着开着变成红色了，所以一棵木芙蓉树上常能看见好几种颜色的花，像是树的魔法。

木槿皮实，旱点涝点，都能一忍而过。北方人爱惜木槿花，觉得花美雅，叶低调，花枝柔韧有性格，栽种了只为看花；南方木槿多不足惜，我就在云南看见过用木槿做篱笆，砍斫修葺，只要围栏的齐整，木槿却也开花，花一朵半朵地从紧扎的栅栏里探出脸来，照旧花落花开。站在那样的栅栏边上，想到《枕草子》里说的“不般配的事”。木槿花朵在实用性上也被南方人光大，比如用木槿花煎蛋做汤羹，甚至喜食辣的人还会用木槿花瓣和辣椒豆豉同炒，烈火烹油，铁铲叮当，叹为观止。也有用木槿花叶揉搓煮水洗头发的，说清爽丝滑，胜过当今的洗发水无数。李时珍老先生在《本草纲目》中也说木槿：“大叶可茹，作饮代茶。”

木槿也是古典的花,《诗经·郑风·有女同车》:“有女同车，颜如舜华。将翱将翔,佩玉琼琚。彼美孟姜,洵美且都。有女同行，颜如舜英。将翱将翔，佩玉将将。彼美孟姜，德音不忘。”“华”通“花”，“舜华”即木槿花。翻译过来就是，曾经有位姑娘与我同车，她的容颜像木槿的花朵。罗衣飘飘像鸟儿飞翔，精美的琼琚佩在腰间。那美丽的好姑娘，实在漂亮安恬。曾经有位姑娘与我同行，她的容颜像木槿的花蕾。罗衣飘飘像鸟儿飞翔，精美的琼琚叮叮作响。那美丽的好姑娘，她的好处不能忘。

单朵的木槿花只开一天，于是木槿也被称为朝开暮落花。但第二天，依然会有新的木槿花绽放枝头。有人看见木槿花朝开暮落，慨叹惋惜木槿花开虽灿烂却短暂，也有人，看见的却是木槿花傍晚凋零后又在下一个黎明绽放新花，花落花又开，花开无穷已，从木槿花那里观照出永无穷尽的生命力。这犹如时间的表针嘀嗒,一去不回,又回环往复永无穷尽。日开数百朵，朝开暮又落。恰如太阳落下，犹如太阳再升。

古人写木槿的诗句多不胜数，而大多数都超不出对木槿花朝开暮落惋惜喟叹的窠臼，如“可怜千瓣艳，不过一朝香”，又如“蝉鸣复虫思，惆怅竹阴斜”，再如“岂若琼树枝，终岁长翕赩”。倒是白居易的《赠王山人》新颖：

松树千年朽，槿花一日歇。
毕竟共虚空，何须夸岁月。
彭殇徒自异，生死终无别。
不如学无生，无生即无灭。

不觉想起“如露亦如电，应作如是观”。再看艳颜又放的木槿花，唯觉眼前明媚，心宽意畅。

枇　杷

你吃过枇杷吧，可你是否观察过枇杷树开花？某个夜晚，我从思源图书馆门前的小花园经过，幽静的灯影中，忽觉置身于一团如雾的带着蜜意与冷意的香氛里，很确信附近有正开花的枇杷树，奈何树影重重，一时分不清此树彼树，于是记住大概方位，只待第二天再去那一片地方寻访。第二天去，果然看见三株树冠如云的枇杷树，硕大浓绿的叶片间，一簇簇近淡黄色的花朵花开正紧，心里不觉浮出一句诗："未放梅梢一个春，枇杷花已玉嶙峋。"这一留心，发现更大面积的枇杷树种在北校区的田径运动场边，在一片高阔的少有遮挡的宽阔处，那些枇杷树每一株都花开累累，香气浮动，景象动人。

枇杷树我是熟悉的，童年外婆家的院子里有两棵特别的树，一棵棕树，一棵枇杷树，两棵树都是父亲从百里外的工作地移栽来的，棕树高过院墙，叶片团团如巨扇，撑起在碧空，把天空剪影得很是好看，枇杷树也高过院墙，若是有骑墙的胆量，枇杷成熟时骑墙采食倒极趁手。最初几年，数遍乡里，也只有外婆家有这样两株树。后来，枇杷成熟，果实分享给乡邻，那些随手一丢的枇杷种子在这里那里发芽，扎根，开枝散叶，终于有一天，一棵一棵枇杷树也开出一般的花朵结出一样的果实，这才知道枇杷树实在是生命力强盛的植物，沾点土，有风有雨，种子就能发芽，就能生长。

那棵棕树，虽无人刻意复制种植，竟然也在多年后，在秦岭深处的那个小山村里，繁殖出无数的小棕树，清算成绩，有人说首先要归功于成群的白颊噪鹛而不是某个人，噪鹛爱吃棕树的种子,棕树满树的种子被雀儿撒在村庄的各个角落。多年后，在考虑如何发展乡村产业的时候，我外婆那个村子的人自觉选择了种植枇杷和棕树，这灵感显然来源于我外婆院子里最初的那两棵树。

那个山明水秀的小山村在地理位置上属于北方的南方，南方的北方，枇杷能在那里长得好，让我直觉枇杷属于南方物种，当我在气候温润的陕西商洛、安康和汉中吃过本地出产的枇杷，在更南的贵州、福建、梅州遇见街巷边随处可见的售卖枇杷的筐子的时候，加深我“枇杷南方物种”的认知，也因此，当某一天我在西安居住的小区院子里看见枇杷树的时候还是有点疑惑与惊讶。小区树多，枇杷树也不少，看着枇杷日渐高茂，开花结果，我确定枇杷是可以越过秦岭长到关中的地面上来的，自此多加留意，盼望枇杷果实成熟好做南北的比较，会不会枇杷到了北边也有南橘北枳的变化？小区大门边的两株枇杷转眼长大，果子一天天褪了绿，添了黄，某一天，全然是金黄麦子的颜色了。那时正是麦鸟紧叫、麦香四溢的热烈季节。我吃枇杷的记忆总是伴着麦鸟的叫声，是和麦子的焦香气混在一起的。

有天深夜归来，婆娑灯影中，枇杷果实累累的样子看得分明，见我打身边过，悄声笑闹，乱纷纷地给我抛着媚眼。忘记了古人瓜田李下的训诫，我踮步上前，隔着栅栏，够两个枇杷在手。尝过之后，却又把枇杷还是适合南方生长的识见校转过来，这边的枇杷核大，极酸，哪像我老家那一带生长的枇杷，甜中微酸，甘美醇厚耐回味。

但枇杷树是那么美，树冠庞然，枝柯婆娑，开繁密的花，结累累的果，果实雀儿最爱，每一只吃枇杷果的雀都聪明，都有能耐吃到树上最成熟最好滋味的果实，从容，轻盈，自在，极享受的样子，看得树下的人倒羡慕鸟食品的天然与应季。

枇杷秋萌、冬花、春实、夏熟，四季轮转，年年开花，岁岁结果，“备四时之气”。枇杷果实初夏成熟，摘净果实的枇杷树整株看有点疲惫，像产后的妇人，盛夏的骄阳下枝叶有些许凌乱，但间隔些日子，枇杷树就能调动能量恢复元气，忽地老叶焕发生机，新叶已然萌发，不久，新叶芽间露出了花芽，叫人欣喜与叹颂。天冷了，枇杷却要开花了，花能从深秋开进寒冬，从寒冬缓缓开进次年春天，实在是萧索冷冬中最有意趣的花。枇杷开花的时节菊花已残，梅花未绽，新雪飘飘，白雪之下，枇杷顶着满枝花，北风吹着一嘟噜一嘟噜的枇杷花，风中尽是枇杷花冷冷的带点蜜意的花香气。也似有花蕾被北风吹眯着眼，忍住不开，但花心终究是欣欣然的吧。正月稍暖，花蕾急不可耐地在阳光中噼啪着朵朵打开，全然不在乎茸茸的淡白色的花朵边上，积雪正在滴答着消融。有些果木在花期盛放时最怕骤冷，遭了风欺雪逼，到头来落得个华而不实，枇杷是个例外。冰雪天它开花，蜜蜂嗡嗡吵闹的时候它也在开花。忽地一天，再抬头看枇杷树梢，不知何时，嫩绿的累累的果子悄然代替了累累的花，一片收获在望的样子，叫人赞叹造化的神秀、枇杷树的勤恳。

枇杷树姿态美雅，叶子好看，果实最诱人，据说枇杷果独核的滋味最美，成熟时摘，用细竹篮盛装保鲜，灿如金黄，色味俱佳。陕南的初夏，枇杷是最先上市的水果，那时节麦子即将成熟，麦田上空，麦鸟的叫声一天紧似一天，新上市的枇杷酸大于甜，但对于我们鲜有零食的味觉，这清冽的酸正可覆盖味觉上的寡淡，鲜明，清晰，有崭新的意味。柳宗元有诗，“寒初荣橘柚，夏首荐枇杷”，寒冬之时吃橘子和柚子，而初夏的水果，当然要首荐枇杷了。此后随着几个高温天气，枇杷染上更多的太阳色，一颗颗透出金红色，这样的枇杷有沁润肝肺的甜蜜，皮薄肉厚果核小而圆，果核吐在掌心，珍宝般圆明的一颗，确信刚吃下的，是一筐枇杷中最好滋味的一枚枇杷。据说常见的枇杷果多为金黄色，肉质金红色，而福建、浙江也产肉质白色的枇杷，果皮淡黄，肉质淡黄色甚至接近白色，据说更甜蜜多汁，我至今未能遇见白肉枇杷，遇见了，当仔细尝尝。

如果能够绘画，面对眼前枇杷，常有画了再吃的冲动，枇杷摆在盘子里，是生动的静物小品画，叫人联想到整株的枇杷树。吴昌硕、齐白石、王雪涛、娄师白、赵少昂都画过许多的枇杷图，简练的笔墨，神形兼备的氛围感，枇杷的清鲜滋味却透纸而来。

枇杷树叶长硕，正面深绿油亮，叶脉清晰，纹理精湛，背面覆白绒毛，有人比喻枇杷叶似“大驴耳”，也有人称“无忧扇”，都很形象生动。枇杷即备“四时之气”，似乎能和合水火，《本草纲目》说枇杷“味甘无毒，具有止咳、止渴、止吐、利肺，主上焦热，调五脏”。中医的认知里，枇杷是个宝，叶子是宝，花是宝，枇杷果肉也是宝，成药“枇杷膏”的主要配方就是枇杷叶，枇杷果烘焙是枇杷干，新鲜果肉取来熬枇杷酱，舀一勺，吃一口，想不到是药，只觉是口福是享受。

顺带科普一下，枇杷是蔷薇科常绿乔木，枇杷果又名“卢橘”，苏东坡有诗，“罗浮山下四时春，卢橘杨梅次第新”“客来茶罢空无有，卢橘微黄尚带酸”，诗中的卢橘即枇杷。

陆游写过一首题目巨长的诗——《山园屡种杨梅皆不成枇杷一株独结实可爱戏作》，诗中说，“杨梅空有树团团，却是枇杷解满盘。”重读这首诗，我眼前立即浮现田径运动场边一棵棵正开繁花的枇杷树，校园植物多样性显著，既有雪松、云杉傲雪挺立，又有修竹、棕榈终岁青青，兼有紫藤常春藤葳蕤门户，而南方佳果枇杷亦能满树繁花。园丁巧妙融合着南北植被，精心规划绿化校园环境，不动声色又寸土寸心地为师生营造出如此优美宜人的校园环境。眼下隆冬，冬至已过，立春也不遥远。转眼冬去春来，等到白鹿原上的麦子黄熟，麦鸟紧叫，且看枇杷果实金黄鲜美的样子吧。摘尽枇杷一树金，那时也是“却是枇杷解满盘”吧。

柳

早春的某个午后，我从时光流水广场前的小树林中过，忽觉往日熟悉的混合着白皮松、黑松、油松的芬芳气息之中，混合进来一股鲜明的清苦气息，直到我看清一堆鲜黄的细嫩枝条如烟堆积，才确定思源校园这一方地儿也有柳树生长，这堆嫩黄枝条正是园林养护工刚从高树上修剪下来的，捡起一枝，轻折，看似柔韧的枝条却脆。从前，我只知道学生宿舍通往延古餐厅那个梯形台阶前有绿柳如丝乘风轻扬，叫我联想“拂堤杨柳醉春烟”这样的句子。

唐代大才女鱼玄机写过一首《赋得江边柳》，诗中有这样的句子，“根老藏鱼窟，枝低系客舟。”我每回看到，都联想到年少时故乡大河边的老柳树，树身上神秘的树洞在那时竟是我和同桌藏纳一切珍贵物品的宝箱。比如一本来不及看完的连环画，比如几枚用好看烟盒折叠的精美三角包，比如一团舍不得一次吃完的芝麻糖。树洞也几乎不辜负我们的信赖，唯一一次丢失的，是那团藏在树洞深处的芝麻糖。那样的神秘之地，人拿走藏品的机会少，松鼠叼走的可能性大，这疑惑当时就有了答案，因为就在我们困惑是否找对树洞的间隙，一只硕大的松鼠拖着长尾巴跳到河堤下边去了。

柳树是易栽的植物，“无心插柳柳成荫”，俗语说的，就是柳树的皮实耐活。一截柳枝扦插于土，稍有些水汽，不消些许时间，就能生根发芽，开枝散叶，长成一树蒙蒙的绿柳。柳树属杨柳科，全球有五百多个品种，中国占有一半多，因此，即便对植物不那么敏感的人也多认识柳树。柳树性喜湿润，却也耐寒耐旱，有随遇而安的品性。柳树融进人的生活，成为农耕文明下几代人的集体记忆，比如小时候家里使用的笼筐、篓子、晒物件的笸笸，除了竹编，就是柳编，以当代人的眼光看，那些用一两年也依然散发植物清鲜气息的日常物件，有着纯然的绿色与环保。柳树还是饥馑年代一代人的续命食材。祖母那一辈人，有青黄不接的春天里煮食柳树叶的记忆，春天的柳树叶嫩芽初长，就开始采食，渐老，柳树叶就苦涩了，需用开水煮烫过，再用柳条筐装着，放在流动的河水里漂洗过夜，为防河水冲走，要在筐中压上大石头，经一夜漂洗，取回当蔬菜煮食，掺和进玉米细面做蒸饭也是很好的饭食，我奶奶亲口说过，不苦，好吃。

喝柳叶茶的经历我有过。某年，我们在郑州开一个文学颁奖会，晚宴上，一圈人围拢一张大圆桌，桌布雪白，碗盏精致，灯光够抒情，服务生殷勤往来，给诸位斟茶，茶装在白瓷壶中，再倒入同样细腻的泛着白玉光芒的白瓷杯，主人忽然询问，请大家猜今晚喝的是何方妙茶，众人纷纷给出答案，均不是。主人告知是柳叶茶，众人再度细品，纷纷举杯，赞叹柳叶茶青黄淡绿，滋味甘甜，舌尖上满是二月春风的味道。

柳树是和春天关联的树，“二月春风似剪刀”，裁出冷冻大地上属于柳树的迷人诗行。农谚说，五九、六九，沿河看柳。五九、六九，河水尚未开冰，但是柳树已然抽出嫩黄的新芽，而如果追究，人似乎永远都说不清柳树是何时变绿的，就算日日注视留意，仍无答案，而柳树似乎永远是一夜间变绿，这感觉很魔幻。而又一个眨眼间，柳叶如眉，随风轻舞，再一两场春雨后，即能“碧玉妆成一树高，万条垂下绿丝绦”了。

柳暗含“留”的同音吧。也因此,人们用柳寄托离愁与别绪。“昔我往矣,杨柳依依；今我来思,雨雪霏霏。”《诗经・小雅・采薇》里以杨柳的柔美反衬征人离乡的哀愁。有绵绵意，诉不尽的意思。同样的离愁与忧思也弥漫在咸阳城中一家客栈中，咸阳古道上:“渭城朝雨浥轻尘，客舍青青柳色新。劝君更尽一杯酒，西出阳关无故人。”

唐人郑谷咏《柳》，“会得离人无限意，千丝万絮惹春风”，或许说出了柳与离情的关联，柳在风中的情态，暗合离人的依依牵连。折柳送别，以“柳”言“留”，做挽留，做惜别，这里的柳枝和“折梅逢驿使，寄与陇头人，江南无所有，聊赠一枝春”里的那枝梅花，担负着一样的寄托。眼前灞水汤汤，行人将去，一送再送，长亭短亭，孤苦的送行人手中空空荡荡，再无可攀之物，于是，用这河边的一枝柳做最后的情感道白。柳色含情，柳枝如会人意，折柳赠别的习俗据说始于汉代。

咸阳客舍窗外的绿柳映在王维眼中，是“渭城朝雨浥轻尘，客舍青青柳色新”，映在客舟上的柳永眼中，是“今宵酒醒何处？杨柳岸，晓风残月”。而白居易深深叹息：“青青一树伤心色，曾入几人离恨中。”柳也唤起李白的思乡情，他在春夜听见笛声，吹的正是《折杨柳》，感怀当下，怎不神魂游移，于是写下“此夜曲中闻折柳，何人不起故园情”。离愁别恨太多，离别的场面多不忍看，连王之涣都要面对被折秃了的绿柳叹息：“杨柳东风树，青青夹御河。近来攀折苦，应为别离多。”灞桥折柳，成为典故。

“柳”在中国传统文化中承载了丰富的意象，含柳的成语就有一长串，“蒲柳之姿”是一个人自谦身体弱，“柳眉倒竖”是说温柔女子发怒了也不容小觑，“柳腰莲脸”是形容一个人姿态曼妙。柳除了寄托“思”，也寄托希望吧，于是观音菩萨的手中持着一枝柳枝。陆游挥笔，写就明丽篇章：“山重水复疑无路，柳暗花明又一村。”这般柳暗花明的桃花源里住着陶渊明，他自号“五柳先生”，用宅边五棵柳树自喻淡泊名利、归隐田园的志趣。更有杜甫“两个黄鹂鸣翠柳,一行白鹭上青天”,白居易“最爱湖东行不足，绿杨阴里白沙堤”（古人词句中的杨柳都是在说柳树，“唯有垂杨管离别”是同样的指代），贺知章“碧玉妆成一树高，万条垂下绿丝绦”，纷纷让柳树卸下负载，恢复明丽可爱的本相。

身处自然中的柳树很少生虫，科学给这一现象的解释更是神奇，据说柳树能在同类间传播信息，比如当某棵柳树遭受虫害时，就会释放一种挥发性的化学物质，通过风的媒介作用，告知周围约七十米范围内的其他柳树，那些得到讯息的柳树会增加它们叶片中有毒酚类和单宁类物质的含量，以抵御害虫的侵袭。这种“群体防御”的智慧是自然界的奥秘。

我再从校园的柳树下过，觉得头顶柳树荫中噪雀鸣叫真是悦耳,这和古人特别推崇的一大景观“柳浪闻莺”有何区别呢?真是一点美也不差。

秋

草木为师

思源之秋

清晨，走过梧桐大道，一枚梧桐树叶擦肩而过，沉沉坠下，叶知性而落，正是一叶知秋。立秋了。

随着这枚梧桐落叶，发现秋的薄意，风吹过，空气不再湿热，而是带了一丝干爽，且看梧桐，绿中带出苍劲，显露微黄，再看树冠之上的云朵，透明而薄，云朵之上，天那么蓝、那么高、那么远。

处暑之际，北校区的紫菀盛放，紫蒙蒙的雾色给人以秋的遐想，难怪不认识紫菀的人会把紫菀当雏菊观赏。紫菀一路开，我一路走，撵上一位匆匆穿过花田的穿紫色花裙的姑娘。细看姑娘裙上的花，分明是紫菀花，巧合到叫人赞叹。马兰在一条条灌木丛中把花朵高举过头，似乎在向季节大声喊“我在！”枫树、槭树染了红，栾树、苦楝添了黄，楸树、珍珠李沾了紫，点缀在雪松、白皮松、广玉兰的苍蓝墨绿之上，如皴如染，明媚可喜。

我向穿紫色花裙的姑娘问路，不料她恰是刚入校的大一学生，也在熟悉路途。但她却热情，从书包里取出手机，展给我一张校园电子地图，指明我们所在的位置，告诉我要如何走，如何转，过几栋楼，就是我要找的那栋楼了。

告别之后，我心中满是对穿紫色花裙姑娘的好感，想着若是再见，我要请她喝一杯麦当劳的咖啡。

白露的雾气弥漫在思源湖上，雾气凝结为珠露，在睡莲和菖蒲叶子上小心翼翼地栖息着，小鱼游过莲叶，忽东忽西，忽南忽北，惊动那些露珠复归湖水，荡起涟漪，久久荡漾又复归宁静。有书声琅琅，湖心读书的人影晃漾了又晃漾，人去后，依旧是树木楼宇停在湖心中；人复来，云影人影湖中徘徊，兼有飞瀑悬泉，哗然中又显出些许寂静。

秋分过后，路灯分明亮得早了。夜灯照耀的校园，另有一番景象。你看吧，太阳能路灯在黄昏降临的时刻一霎亮起，接替晚霞的余晖把校园照亮。路灯一路点亮或笔直或交叉的大路与小径，勾出校园夜晚的整体轮廓。夜灯也点亮了傍晚的运动场，那里开始了一天中最热闹的时刻。跑步的、打篮球的、打羽毛球、打乒乓球和网球的、和着节拍跳操的，各自制造出喧声，却各有秩序，互不打扰。还有悠长的小径上，不时有跑步者迎面，日日完成校园跑步打卡，这看似平常的约束与自我勉励，有贵在坚持的朴素道理，是鼓励亦是鞭策。

寒露起，桂花清远温暖的香气就浸透了校园的角角落落。闻香寻桂花，缘着一时显著一时虚渺的香气一路寻觅，就见草地深处，一排矮冬青的后边站着枝柯婆娑的桂花树。红色的是丹桂，黄色的是金桂。夏天雨水丰沛，今秋桂花开得饱满繁密，秋风一阵，桂花簌簌坠地，好似磅礴的桂花黄金雨，一改“人闲桂花落”的清疏意境。难怪李清照说桂花，“暗淡轻黄体性柔，情疏迹远只香留。”情疏迹远恰是说这桂花的香气，你近花时花香未必浓，你与花疏离却遇花气来袭，清、净、温雅，碰到鼻尖上，不由你不舒张肺腑，尽力捕捉。

霜降后，校园里秋色浓重。银杏高挺，树冠庞然，像一个个挂满金币的灿灿宝塔。无风时，尽显华丽与高贵；风来时，一树金币哗啦鸣响，铮然有声。越过银杏的金，栾树的红，是似海的蔚蓝天空。

一年好景君须记，秋日景色各不同。航拍器一次次起飞，攀爬升高，像一只俯瞰的大鸟想把秋日校园的绚丽浪漫尽收眼底，航拍器从思源湖岸起飞，镜头缓缓拉开，以鹰隼的高度俯瞰，思源湖蔚蓝如玉，掩映在一片橙黄赤红与苍绿构成的斑斓中；航拍器继续高飞，更高更远，于是有着红黄蓝白青色系的建筑群次第出现，教学楼、实验室、图书馆、学生宿舍、行政楼、青教楼如画卷一一展开。在树木的错落掩映中，南北校区合而为一,聚合为白鹿原上一片耀眼的存在。在西安城的东南板块里，成为城市构图上显著的一部分。

航拍器降下，低飞，如鸟掠过金石东路、金石西路，朝阳把林木下读书学子的身影拉长，复制，是太阳的爱抚与游戏。随着镜头切回地面，我们看见隐藏在庞大与高阔后的微小与细部，看清一只螳螂迈着小步，想从东草坪散步到西草坪上，两块草坪间的小路，在螳螂的觉知里，如河流宽阔，走走停停，兴之所至，螳螂伸长胳膊，歪着脑袋，向虚空高举双臂，叫人联想“螳臂当车”一词，又想，若是螳螂知晓人语，会不会撑人一句“自以为是”呢?

时间流逝，季节更替，时序流转，顺其自然。或许就有奇迹。就如我在两万名学生的庞大人群中，能和那个给我指路的大一女生再次相遇，这是美丽校园里的奇迹，两万人群里的奇迹。她告诉我她被选为班长了，这真是值得高兴值得祝贺的事，我们去喝杯咖啡庆祝吧，我向叫晚云的女生发出邀请。

古人创造秉烛夜游的妙境，要遍览校园秋色美，亦需夜以继日。夜晚的校园，明亮的灯给探索示以光明，这明亮同时也在守望，守望宁静，守望平安，助力生动，助力求索。路灯照耀深夜打卡跑过的身影，照耀篮球场、羽毛球场、乒乓球场、网球场上热气腾腾的少年。当看见篮球场上投篮的少年，把一个投篮动作夸张放大到极限，犹如被一股神力加持，这似乎以慢动作夸张变形的姿势竟然把球漂亮地摁进了球筐，引起场上场下一片喝彩声，这喝彩声中就夹杂着那位穿紫色花裙女生清亮的喝彩，于是，场上的勇士受到鼓励，格外拼抢得欢实。

霜降过后，在一两场冷雨之后，气温骤降为零，但在大自然那里，零从来都不是无。当落叶树木大笔做着减法的时候，不妨再去一棵开花的枇杷树那儿另寻答案，在这答案里，是大自然智慧的传递。来年麦黄时候才成熟的枇杷此刻已然花香袭人；再看玉兰，春天绽放的玉兰花此时已悄悄挺出花箭……如果还要细究，那就去访问这座校园里随处可见的高茂雪松吧，深重冷意中开花的雪松退落树根的金色松花此刻还香气未褪，而为了等待开花，雪松已经送走几十场霜冻与冷雪。大自然借助高茂的雪松把秘密昭示在高高的枝头，那就是开花与结果，播种与耕耘，给予与收获，从来都需要耐心，需要早做准备早做谋划，这是一棵生机旺盛的树昭示出的大道理。

联想起某天散步，在一块林间空地偶遇一株未受打扰的菇茑的情景。果实的外衣早已干透，手指微微用力，俏薄如纸的果壳在我的掌中发出咔嚓动听的声音，剥开一点外衣，菇茑的果实艳红动人，我没有吃掉那几枚菇茑，而是把那一串红果子埋在深厚的积叶下。我希望来年,这片空地上会长出更多的菇茑。把手中这小小的获得还给播种，我期许未来。

“高秋爽气相鲜新”，这是诗人杜甫的句子，是每个秋天都适合在校园里朗诵的句子，是时时都能在白鹿原上这所万人大学里翻出诗意的句子。

这是普天下的秋天，是校园的秋天，是与别处不同的秋天。那份别样与不同，盖因为在这里度过这个秋天的人，已经走遍南校区的角角落落，走遍北校区的角角落落，在体育场高高的看台上寻找过答案，在那里眺望白鹿原下重重暮霭中的城市时寻找过答案,在樱花路、梧桐路、学苑路上来来回回寻求过答案。且这关于答案的探寻与寻找仍会继续。

从源头寻找答案——

“落其实者思其树；饮其流者怀其源。”“饮水思源，自强不息。”这，或许正是根本答案。

春华秋实，季节轮转，岁岁年年，大学养成。

银　杏

噫？臭死了，什么东西这么臭！几位大学生从一棵枝条伸展的树下经过，其中一位大声发出如此质问。另几位也闻到了那股气味吧，屏住呼吸，一声不吭，加快走过，走到气味稀薄的距离，才缓慢下来。走在最后的那位显然知道气味的来源，了解这树，熟悉这股气味，不慌不忙，脚尖点地，躲开满地小杏子般的果实，不叫鞋子沾染上踩烂的果皮汁，一边说，银杏果子嘛，就是这么个气味。

众人回看，数百个银橙色的小球散落在银杏树下的地面上。是的，气味的来源正是这些被践踏得果实和果皮分离的银杏果。嫌臭的几位早都熟悉银杏金黄色的叶子，却不知道银杏树结果子，且果实是这样的。一齐半俯身，琢磨起地上的银杏果，获得对这金黄银杏树的新认识。

原来银杏果实是这样的！一位说。

太难闻，一种熟透和腐烂的混合气味，像酸奶坏透了。像踩了狗屎般，另一位说，一边抽动鼻子分辨，又满是嫌弃的表情。

总之，这个早上，这几位一定记住银杏果了，就算下次遇见是在昏暗中，也能凭借气味确定附近有一棵果实成熟的银杏树。

我最早关于银杏的知识来自语文课本，是中学读的还是小学读的全不记得，甚至也不记得文章作者，唯有文中所说秋天银杏果子成熟时，大人就把银杏果捡来在铁锅中烤熟，烤银杏果的滋味是如何的美妙，又说吃到的银杏果，树是爷爷栽的，爷爷栽树，孙子吃果，所以银杏又叫公孙树。囫囵读那篇文章，把吃作为对一棵银杏树的想象，我对银杏的想象充满“苦”滋味，那就是“求不得”。我不知道读到那篇课文的人有谁像我一样觉得遗憾，遗憾没有一个身怀远见、早早在自家院子栽一棵银杏树的爷爷。于是，想象终归是想象，现实却叫人气馁。

一晃过去了许多年，对银杏的惦记早变得模糊，却似乎一夜间，我们的城市就有了银杏树，先是在某条著名的大街上出现，看树，看清树身上的牌子，白底黑字，分明写着“银杏”。这就是银杏？

不知树从哪里移来，树似乎并不喜欢脚下的土，身边的城，活得奄奄一息，急得人给树挂吊瓶，对病树像对病人，也叫人惊诧。后来，大概是人的诚意感动了树，树慢慢旺健起来，慢慢抽出枝条，生出叶子，叶子一片片，像小小的扇子，鲜嫩的绿着，从鹅黄、嫩绿到翠绿，叫人联想小孩儿软软的手掌，忽然金风吹拂，秋天到了，树叶儿由绿变黄变金黄。忽然有一天，树树灿烂，叫一条街都变成金色，树灿灿地摇动一树金币响，又随风翻飞，如蝴蝶翩然，实在好看。

这一用心识别，发现生活里早就有可以接近的银杏树，比如观音禅寺里的古老银杏。在古树下的泉井里掬水喝过，站在树下仰望，半绿半黄的叶子飘飘落下，人仰脸去追，追上了，被这叶子拍打，人觉得吉祥。大树背依青空，婆婆娑娑，如梦如幻，忽然发现这树是觉知人的心意的，树古老，树就有了神性与灵光，我们在树下，举止文雅，不敢高声言语。

看过银杏树出来，转出巷子，遇见老妇蹲在寺院墙边售卖银杏果，我们问，是寺庙里的银杏树结的果子吗？老妇回答，那咋可能。但她立即补充，她的银杏果，也是听着寺院里的佛音长大的。归来，电饼铛中放盐，盐焗银杏果，木筷子轻搅，锅中一片噼啪声，待果壳炸裂，清香气散出来，馋意再不可忍，于是忍住手烫嘴烫，嗑开果壳，舌尖立即被银杏果肉的软、韧、香袭击……与几十年前阅读时唤起的对银杏滋味的想象刹那贴合，总算填补了对烤银杏果滋味想象的空白。

灯下，满满一盘烤银杏果泛出奶白色，可不正该叫银杏白果。

更多的搜寻银杏知识，获得如下信息。

银杏果难闻的气味主要来自果皮中的丁酸和己酸，当黄油和奶酪腐烂，动物油中的脂肪腐烂，就会释放出相同的分子，产生类似的气味。

银杏被称为活化石，银杏是银杏科唯一生存到现在的种类。银杏在大约两亿年的时间里几乎没有变化，是植物谱系中最令人敬畏的物种之一。把近三亿年前的岩石上发现的银杏叶痕、两亿年前的扇形银杏叶化石、六千五百万年前的银杏化石和当下的银杏对照，形态几乎没有区别，银杏虽称“活化石”，但银杏古老又年轻，一棵摇曳出满树哗啦脆声、金黄烂漫的银杏树叫每一双看见它的眼睛都要惊讶赞叹。

银杏和恐龙几乎同时活跃在地球上，恐龙灭绝了，从六千五百万年前的白垩纪末期到现在，野生银杏一直在减少，一百万年前，野生银杏在世界范围内濒临灭绝，目前仅在中国浙江天目山零星可见。我国存活着三千年以上的古银杏树。

银杏树生长缓慢，雌株一般二十年左右才能结实，五百年时仍可结实。每年三至四月叶子萌发，四月上、中旬开花，九月下旬至十月上旬种子成熟。

我们今天见到的银杏树为人工栽培。

野生银杏从遍布北半球到濒临灭绝，原因何在？有一个猜测，就是和银杏同时代的某个食银杏果子并为银杏传播种子的动物之间的关系关联。尽管无从考证到底是哪类物种传播了银杏的种子，是远古某类食腐嗜好的恐龙还是鸟类？它们吞下银杏果，再用粪便将银杏的后代四处散播。传播种子者灭绝，银杏也走上衰退之路。答案只能凭借想象，但银杏果确实吸引亚洲森林中的食腐豹猫和果子狸。

从古到今，人们都喜欢银杏树金黄的叶子和婆娑树形。因此，栽下一棵银杏树，会是件美好、富有吉祥意味的事。时光流逝，树越来越大，大树显示出神性，人反过来保护并膜拜树，比如楼观台的一棵古银杏树，相传老子所栽，蓝田辋川的一棵古银杏树，据说王维手植。在秦岭南部山区的寺庙中，旷野上，常有近千岁的大银杏树以其庞大，以其卓然独立的姿态吸引人，大树享受人们香火的供奉，时间的表针嘀嗒，年轮一圈圈环绕树身上，树无所不知又什么都不言说的深沉与温暖，看一眼，足叫人感动。

人工繁殖扦插的银杏再也不用等几十年才能等到树结果，常常树栽下三四年，就能看见低低的树开花结果，叶子照样金黄，果实密密麻麻，似乎总在推翻关于银杏的诸多定义。人类已经接管了远古动物散播银杏种子的工作，人类甚至可以根据自身的喜好挑雄株幼苗栽植，从而避开不喜欢的银杏气味。这样，或许一片方圆几公里的银杏树林中都没有一棵可以结果子的雌树。人为的取舍，只是为了省却银杏果恼人的气味，达到只看叶子不要果子的种植效果。

银杏果美味，富有营养，作为高级食材用于烹饪。银杏果还可入药。从银杏叶子中提炼出的黄酮更作为药用。因此，看见满地银杏果随环卫工人的扫帚归于一堆乱叶之中，我觉得可惜。同时想起某年终南山一座古老道观中的所见，一位年老的道士蹲在那棵活过了九百岁的银杏树下，用木筷子捡拾落在一地黄叶中的银杏果，那情景每回想起，都觉动人。

当看见又一队大学生从校园的银杏树下经过时，我很想上前询问，有谁愿意蹲下来一起捡拾银杏果吗？这曾经一度供不应求，而今鲜有人问津的银杏果。让我们从一枚银杏果出发，往回探索古老果实的变迁之路吧。但是我终究看着学生们走远了，然后我看见校园环卫工挥动扫帚再次清扫。就让那一地银杏果随一声声扫把的唰的声，开启它们的新旅程吧，相较于葬身人腹，对银杏果来说，说不定还有属于银杏果的美好旅程可以期待呢。

和恐龙同时代的银杏能走到今天，当然仰赖银杏惊人的生命力，日本广岛原子弹爆炸熔化了石头和金属，但核爆后，城市庙宇中的银杏树最先重生，证明银杏树有深厚的根系和惊人的自我修复力，竟能撑过导致其他树木死亡的大灾难。

如此，就不难理解银杏被用作公园、街道两旁、庭院种植的原因了。银杏树能抗城市环境的化学和物理挑战，成为城市园艺家的最爱。在污染严重的地区，银杏用变厚叶子，改变自身内里承受伤害压力。

生物世界从来都不是非黑即白。当我漫步校园，在一株株洒满秋日阳光、披一身身金黄的银杏树下驻足，不再以它软烂果肉的气味心生嫌弃,我想,这才是对待银杏树应有的端庄态度，如观人，如处世。在黑白处，在基本判断、准则之外，那弥漫生命力的灰色区域，更值得我们多看两眼。

如此刻，我停在一棵银杏树下，看喜鹊在树冠里时起时落，我深呼吸，感到随着空气变冷而略微减弱的那股只属于银杏的气息隐约，又充溢生命的光。

梧　桐

金风细细，叶叶梧桐坠。天气晴好，漫步在梧桐大道，头顶被阳光照得明灿灿的梧桐树叶在风中飒飒摇曳，煞是好看。我正要借诗抒情，手机微信响了，是李小鹤："又到了梧桐最美的季节，你多拍些校园梧桐树的照片和视频发我。"李小鹤的指示从三百里外发来。"梧桐路当然要拍，书苑南路、体育东路更要拍，拍书苑南路的话早上九点钟的光线最合适，体育东路下午四点钟你再去。"李小鹤甚至连时间段和定位都替我想好。一个离开三年还对校园风景如此惦念的人，一个心中如此节气与地理清晰的人，于是我快速回复："怎么不自己来看？"但我旋即撤回，换成："拍，给你拍。"

自从知道我来这所大学工作，李小鹤瞬间找到可以随时支使的人。下雪她要拍披着雪白大氅的雪松和棕榈，春天她要拍校园漫舞的樱花，季节转来秋天，校园里秋色烂漫，一片灿灿然，灼灼然，她又要指挥我拍梧桐了。"反正就算我不请你拍，你自己也会拍。”“你就当是多一个和你及时分享所见的人。”“我喜欢的就是和你互动的这种即时感。”

李小鹤说得对。早上九点钟的书苑南路，阳光四十五度角照耀树顶，树梢闪闪发光，整体画面又深沉，又明艳，又喧闹，又寂静。此时大部分学生都在上课，行人稀少，一群群鸟雀在树冠上无所顾忌地扑棱，梧桐大道悠长深邃，风来，梧桐树叶翻飞如鸟展翼，风静，梧桐树默立成大幅油彩画，且这画作分分钟变幻、生长，充盈生命的质感。而下午四点拍体育东路的梧桐树，夕照恰好从侧逆光的角度把树点亮，熠熠发光的树叶，衬着苍劲如墨染的枝干，树影借光放大、拉长，斑驳错杂，极为丰富。树枝撑起的巨大拱门下行人络绎，影影绰绰地漂亮，往来的身影都生动，那正是朝气蓬勃、青春昂扬的最好年华。

想起日前同事王君和我的感慨，我们一致认为校园是气场最好的地方，人再多都不觉吵嚷，就算夹在人群里走，也不觉得拥挤，就算深夜行走空无一人的操场，也不觉得寂冷，恰有别处难以觅见的馨香朗润，清明正大。我把这样的照片发给李小鹤。

李小鹤已从这所大学的教育学院毕业三年，现在，她是我们那个临江小城的一位中学语文老师，她的理想就是当一个始终有爱、始终有热情、叫学生喜欢的语文老师。我喜欢这样的李小鹤。我把喜欢体现在殷勤为她拍照上。

我发梧桐照片去，李小鹤就发前人写梧桐的诗句来。

“客里不知春去尽，满山风雨落桐花。”这是写春天的梧桐；“卧看牵牛织女星，月转过梧桐树影。”这是写夏天的梧桐；“幽栖莫定梧桐处，暮雀啾啾空绕林。”这是写冬天的梧桐；“梧桐生矣，于彼朝阳。”这是写早上的梧桐；“今夜故人来不来，教人立尽梧桐影。”这是写傍晚的梧桐；“铺床凉满梧桐月，月在梧桐缺处明。”这是写深夜的梧桐。关于梧桐的诗句一时在我俩手机飞出飞进，一留心，发现古人写秋景的梧桐诗最多。“凉风敲落梧桐叶，片片飞来尽是秋。”“一庭明月无人赏，秋在梧桐落叶中。”而冷雨梧桐、夜月梧桐最多。

到底是语文老师，李小鹤追究的热情巨大：古人以梧桐赋愁思，怀人，感时，恨、怨、哀、悔、思、念、想无不附着在“梧桐”这一具象上。“雨歇梧桐泪乍收，遣怀翻自忆从头”（纳兰性德）。“梧桐落，又还秋色，又还寂寞”（李清照）。“饶君拨尽相思调，待听梧桐叶落声”（苏轼）。“正消魂，梧桐又移翠阴”（杜牧）。“无言独上西楼，月如钩。寂寞梧桐深院锁清秋”（李煜）。“高楼目尽欲黄昏，梧桐叶上萧萧雨”（晏殊）。简直多不胜数。梧桐月明，多少情感，要在这月明夜中借梧桐寄托。这情，对李煜，是国破山河在的故国情；对李清照，是战乱流离家破人亡痛失爱人的苦情；对苏轼，是长路漫漫，兄弟隔山海的同胞情。

无数的中国古典诗句借梧桐言说，除了梧桐的高旷隐喻，日常生活中梧桐树的紧密相伴也是原因，梧桐树树干碧绿，叶片大方，树形高挺笔直，简直像美君子。

我们在梳理古人诗句时，一个巨大的疑问浮出。古人诗中所指的“梧桐”，是此刻我照片中的梧桐吗？

关于梧桐的记载最早可见《诗经》：“凤凰鸣矣，于彼高冈。梧桐生矣，于彼朝阳。”把梧桐和传说中的凤凰系于一处，朝阳，鸣叫的凤凰，凤凰栖息的正是梧桐树，于是，“非梧不栖”成为精神高洁的象征。“家有梧桐树，自有凤凰来”，又成为自我精神建构的高要求。

但我的童年，梧桐树却是以朴素的、生活化的面貌出现的，我们那一带多有梧桐树，我外婆的院子就有一棵，做“桐叶粑粑”外婆最拿手。梧桐树叶摘下来做粑粑，原味的，只用玉米浆粑，再提升一个级别的，是给浆粑里裹进馅儿，馅儿可甜可咸，可荤可素，团成粑粑，用梧桐树叶裹紧，折叠成手掌一握的三角形。粑粑做好，可蒸可煎。若是煎，铁锅放油，慢火煎，及熟，梧桐叶紧贴饼上，难全揭去，残留的叶子在金黄的粑粑上，黑褐中透出微绿，同嚼，油香中有树叶的清香，也好吃。秋天梧桐树的果实熟了，落在地上，我们捡出里面的种子，请外婆炒熟，是难得的零食，我们站在树下吃，鸟儿站在树顶吃，树上树下彼此呆望几眼。

梧桐树树干挺直，呈青绿色，所以也叫青桐，青桐可以斫琴。《后汉书·蔡邕传》中就写了一架名琴的诞生记：“吴人有烧桐以爨者，邕闻火烈之声。知其良木，因请而裁为琴，果有美音，而其尾犹焦，故时人名曰焦尾琴焉。”后世称这琴为焦尾琴，是传说中的四大古琴之一。能从人家烧火做饭柴薪的炸裂声中听出其间蕴含的奇妙乐音，这本身就是一个佳美的传说，奇人，奇事、奇琴，共同演绎一段美好传说。故事本身充满寓意，于熊熊火光中发出清泠鸣响的，是一块梧桐树的木头？是凤凰的鸣叫？还是斫琴者奏琴者的心性与记忆？人们愿意倾听传说，一如我们愿意相信美好。今天琴人斫琴，除杉木外，青桐仍是珍贵的斫琴材料。

另有油桐也常常和梧桐混淆，油桐城市少见，乡野倒常遇见。某年，女朋友自驾去了云南，于路途上忽然被前方一坡云霞般灿烂的色彩惊艳吸引，开车深入，看清是一坡开粉色花的树，朋友城市长大，从未见过这花树，几经打探，得知是油桐，惊喜地发照片和我分享。其实油桐在我老家的陕南山区常见，至今，油桐依然当作经济树木种植，以期获取油桐种子榨取的桐子油。春天油桐花开满山坡，确实明媚惹人眼眸，倘使这油桐的种植规模够大，春天欣赏油桐花开，一定是当地的一个旅游项目。

泡桐也常被唤作梧桐树。泡桐树乡下常见，我曾见关中广袤的乡野上，早春，高挺的泡桐花开了，泡桐先开花后长叶子，一树树白色花、紫色花挺立在遒劲的枝柯间，映衬在青碧的天空，黛色的云朵上，朴素又有无限的优雅。这时节麦子绿得喜人，菜花黄得耀目，它们和村庄、屋舍、地里劳作的农人，共同构成春天的田园图景。泡桐旧城区也能见到，在某条安静的巷子、一堵青砖墙边、一个街市的拐角猛不丁出现，树冠庞然，叫轰轰街市忽然静阔出半里地光景。倘使夜晚站在树下仰望天空，恰遇满月朗朗，树下仰望的人，心神可以一时出离。

至于我和李小鹤眼下所说的校园里的梧桐树，植物学上的名称是三球悬铃木，是世界范围内广为种植的优良庭荫树和行道树，因为树形美丽，孤植于草坪或旷地，有卓然独立的姿态，列植于道路两旁，又能构成整齐壮观的视觉效果。三球悬铃木栽培历史悠久，但并不是中国本土树木，更不是梧桐树，只是因为和中国梧桐树相貌相似，就被起名梧桐，念及树们的来处，又叫法国梧桐，也叫英国梧桐。南京中山陵、美龄宫都因为这树而多一份美丽与闻名。美龄宫被法国梧桐树环绕，空中俯瞰，建筑与树木巧妙搭配，恰如一挂精美的项链，也很美雅，南京中山陵大道上的法国梧桐气势壮观，四季美丽。梧桐在南京，脱颖而出成为市树。

而二十五年前建校之初就栽种下的法国梧桐也已蔚为壮观，成为校园景色迷人的一部分，寒来暑往，树经历了多少次的欢迎与送别,有多少学子在树投下的大片树荫中走过,思考过，有多少把雨伞承接过树滴答的雨露，又有多少少男少女被大树的美姿唤起过心中的诗意与音符。

而此刻，当我再一次漫步在校园的梧桐大道上，我想，知道这树叫三球悬铃木也好，把树唤作法国梧桐甚至梧桐，也无妨于树之美丽。所谓约定俗成，也不过如此吧。叫这树梧桐树，倒是比叫一球悬铃木，三球悬铃木，二球悬铃木，说得顺嘴，听得顺耳。

我再次从梧桐大道转到书苑南路，再折返体育西路，完成这校园长长的梧桐之旅。

行走道上，刚和一群学子擦肩而过，又和一群朝气蓬勃的青春迎面，而此刻能叫我把眼前景象对应的，还是这古老的诗句最关联：

“梧桐生矣，于彼朝阳。”

槐

校园内光槐树就有国槐、龙爪槐、金枝槐。刺槐也有，弘知路向校园来那一段路，道两旁都是刺槐，初夏槐花盛放，行至那条道上，很想让车速和时间都放缓下来，能多闻闻那股沁人心脾，叫人身心清逸的槐花香气。

刺槐原产北美，1877 年后才引入中国，和本土的国槐比，多刺，于是得了“刺槐”一名，又因为外来而称“洋槐”。乡下人说洋槐不成材，是和国槐比较着说的，嫌洋槐树不端直也不高挺，但洋槐材质硬，耐磨，做铣把锄柄笼提梁是首选的材料，又因为生长迅速可以填补烧柴的欠缺，洋槐花多蜜，是蜂蜜的重要花源，花朵甜蜜可食，食洋槐花在北方初夏是平常事，食物匮乏年代洋槐花受人欢迎，物质丰沛的今天也有新鲜感。我就参加过某个“槐花节”，在游山赏过绵延一座大山的洋槐花之后奔赴槐花宴，饭桌上几十种用槐花做成的美食陆续上桌，槐花蒸饭、槐花包子、槐花饺子、槐花旋子、槐花饼子、槐花面条、槐花炒蛋、槐花汤羹……炒、蒸、煮、炸……只要烹饪者想得到，就能做得出，坐在那一桌槐花美食前，闻着空气中无处不在的甜蜜花香，饱足到难以形容。

金枝槐种在图书馆旁的小花园里，常常，我从图书馆借了书出来，会在金枝槐清逸的树荫里坐，头顶鸟鸣声声，身边是安静看书的学子，这样的时刻悠长美好。或阅读，和作者对话，在作者描述的世界里巡游，或和身边的学子就某个话题交谈，或仰望头顶好看的树冠神思天外。金枝槐在碧空下的叶子金黄明亮，远眺时常叫人误以为花，也正是这闪耀的金色让树所在的这一方天地明澈惊艳，当游云贴树而过，当晚霞照耀高高的树冠，这片金枝槐把校园的这一方天地提前点亮。

龙爪槐站在建筑前，在草坪上，像深沉的思想者，在湖畔，却像绿色的巨伞。龙爪槐是用国槐突变的枝条嫁接繁育而成，人工把国槐芽在茎枝萌芽阶段突变长成的枝条剪下来，再嫁接在国槐砧木上，就长成了龙爪槐。所以细看龙爪槐，每一棵都是端直的躯干在顶端发散出蓬勃的一团，枝柯遒劲犹如游龙张爪，于是按形取意，就叫龙爪槐。

思源湖边龙爪槐尤多，我近距离观察龙爪槐的花，和国槐花期一致，花朵也极形似，在知道龙爪槐并不能靠种子繁育之后，再看龙爪槐繁密的小碎花，琢磨花开的全部意义。盛夏的龙爪槐，伞形的树冠虽独特，也常隐没在重重的夏之绿色中而不为人顾,待到深秋叶子落尽,龙爪槐奇特的枝干不觉叫人惊叹，如蟠龙居于树端，向空阔处张爪探望，扭动腰身，跃跃欲飞的样子,尤其冬天,白雪到来,黑苍苍的树干上覆压着寸厚的白雪，湖水凝然不动,白雪湖水,衬托得龙爪槐的枝干线条刚劲又温柔，连最优秀的画家都要感叹那线条的俊美。深冬下大雪，也是欣赏龙爪槐最好的时候。

思源湖边的龙爪槐年轻，我见过最老的龙爪槐长在木塔寺遗迹内,树边指示牌上的字诉说着树的历史,两棵树种植于隋代，一东一西站在游人如织的小路两侧。遇见这两棵古树是在一个阴沉的冬日，树灰扑扑，垂垂老树，成群的灰喜鹊掠过树枝扑啦啦飞，为给树减重，人给树周围加固了铁杆帮衬树，像树的拐杖，更添树的老态，夏天的时候，我又去看了一回那两棵树，树一派绿，似乎夏日的骄阳叫树变年轻了。相传这两棵千岁高龄的龙爪槐是隋文帝杨坚为纪念皇后独孤伽罗，在她去世后栽种的，独孤皇后去世后，文帝追思皇后的好，修建禅定寺（木塔寺）为皇后祈福，又在寺内栽下两株龙爪槐，象征皇帝和皇后世世陪伴。

校园国槐最多，团结路上的两行国槐高大笔挺，树影幢幢，遮蔽出一条优美的国槐林荫道。行走槐荫下，正午的骄阳都显柔媚，树高茂挺秀，花朵繁密却低调，七月国槐花盛放，淡黄色花朵缀满枝头，风一阵，落花层层铺地，极壮观。相比较于洋槐花的甜香，国槐花香味淡若无香，而国槐的花蕾，正是中药槐米。在《中国古树名录》中，国槐是靠前的树种，西安国槐古树多，偏僻的村庄可见，热闹的市井可见，寂静的寺庙可见，由此可见国槐树和中国人的生活有着悠久且密切的关系，人们给国槐冠一“国”字，既区分了多刺的洋槐树，也包含着人对槐木的情感。唐诗宋词里所有关于槐的文字，都是在说国槐，明白这点，才知晓所有写槐与槐花的诗文，不是古人在季节与时序上写错写混，而是，他言说的是国槐，而不是今天我们最熟悉的洋槐。不信且看：

白居易有诗，“坐惜时节变，蝉鸣槐花枝。”又有，“黄昏独立佛堂前，满地槐花满树蝉。”都把槐花的身影定格在盛夏的背景上，这和我们通常说洋槐花在暮春初夏开花是不一致的，但国槐的花可以从盛夏一直开到深秋，细碎的国槐花在凉风中落，叫人感受到飘零花朵中那份清秋意。比如“人少庭宇旷，夜凉风露清。槐花满院气，松子落阶声”，比如“槐花雨润新秋地，桐叶风翻欲夜天”，比如“人貌非前日，蝉声似去年。槐花新雨后，柳影欲秋天”。槐花与松子，槐花与蝉鸣，槐花与秋之柳影……假如我们只想到春天开白花的洋槐树，会觉得这些诗句都不对景，诗歌年代的大诗人们又怎会为诗句之工整而违节气。只是那时候，他看到的，是国槐罢了，而洋槐花，要到一千多年后才来到这片土地上。

国槐之古意，前伸至汉，相传汉代宫廷外植有槐树三棵，诸臣上朝见皇帝前，先要面对三棵槐树站立，在心中整理思绪，清晰进言，调整呼吸，进入状态。后来，槐引申为官位，“三槐”就借指三公，“三槐之望”是比喻仕途上人的理想。

树长到某个点上就不再向高生长，也不再长粗，但树聚集能量长成深邃的年轮，长成树冠的庞然，炎炎盛夏，路过树下的人，被树的清凉漫身，树下乘凉，是盛夏里的好时光。漫步盛夏校园，即便烈日当空，只要你时间宽裕，足够从容，一条条林荫道一定能把你送达校园中的任何一个地方。

胡　杨

踏上新疆的土地，我格外留心车窗外一闪而过的树木，在每一个停留地，都要把那些和杨树形似的树一一细究，看是否会和第一棵胡杨劈面相遇。

在新疆维吾尔自治区博物馆门口等车时，我曾指着一棵树顶翻动着杨树叶子（看着像）、底部垂坠着柳树叶子（看着像）的树问一貌似当地人的人，这可是胡杨树？答：胡杨在沙漠里，乌鲁木齐哪里会有。后来的所见证实，那棵树其实就是胡杨。孤零零的一棵，在人来人往的道路边上，卓然而立。

飞机降临阿拉尔，机翼下掠过的，是南天山的巍峨雪峰，是塔克拉玛干沙漠的一角黄沙，还有我们目力不能及的胡杨也隐在其中吧。在随后驰驶的汽车上，车窗外不时出现棉花地、结满西红柿或悬着长豇豆的菜地，两只悠然飞过的白鹭把我们的目光引向一片稻田，一片荷花，一车人正惊叹此地有塞上江南的好风光时，汽车已驰飞于两排高茂绿树环护的绿廊中了，此行迎送我们的司机买合木提用十分标准的普通话说，道路两边的树就是你一路打问的胡杨树。虽然飞驰的车窗外只见一片虚化的灰绿，但胡杨把它这个季节近似橄榄色的美好颜色定格在我的印象中。

其实此前我见过金色的胡杨，深秋时节，在罗布人居住的罗布淖尔，隔着一片又一片小小的水域，我一次次眺望胡杨，谛听风中胡杨树叶哗啦啦的鸣响，看水中胡杨金色的倒影，对那些形态美好的树只留下一片金灿灿的印象，也是奇妙，金色的胡杨能用它闪耀的金光遮蔽属于胡杨的一切细节。我找不见记忆中胡杨树干的颜色、树叶的形状，即使重新找到照片印证，也是那一片金色最为耀眼，足够炫目，洋溢出的光辉笼罩你，叫你忽略所有的细微处，而那片金色给你的感动深入骨髓，和金色胡杨相对的那一瞬，你会立即明白为何人们会不辞路远地奔赴一场场胡杨之约，我看着那些胡杨，写下我的赞美：

> 树说，你过来，我罩着你。
>
> 我绿叶婆娑，给你绿风，我落叶，你有灿烂金币，我睡了，你也入梦，如果你醒着，那就静静看会儿星空吧。

在阿拉尔，胡杨总能在这里那里看见，在旷野、河谷，在街道的转角。只是看见的时候总是在急速驰飞的车上。在将军大道，一掠而过的车上再次看清窗外被阳光照耀得树干一片澄明的树即是胡杨树，这一次，我决心等这一车人在宿地停稳后立即回返，静静寻访胡杨树。

“我们”是我和同室张老师，在乌鲁木齐说到此行要寻访胡杨树得到她的呼应，于是这一路我们都关注胡杨树，从楼下直接打车折返将军大道。出租车司机李师傅是内地三十年前为生儿子躲避来新疆超生的，当年做各种小生意养活一家人，什么都干过——采棉花、开小商店，第三胎果然是儿子，于是心满意足，从此在这边扎下根来。如今，三个孩子都长大成人，大女儿做某品牌的南疆总代理，“家业大得很”，二女儿和最小的儿子都是公务员，孩子们日子过得称心快意，至于他开出租车，完全就是为了出来和人说话。一听说我们是要去看胡杨，李师傅说他知道哪里有大胡杨树，又不远，索性拉我们去看更老的胡杨树，我们当然乐意，于是去他说的地方，果真看见大树，稳重地站在马路对面。我们下车，奔到树跟前，看清一溜十八棵庞然大树，树身上的牌子显示着树的年龄——六十五岁，但树不是胡杨，是银白杨。我们绕树三匝，赞叹连连，之后果断再次打车，这次嘱咐司机，直奔我们要去的将军大道，帅气的维吾尔小伙把车开得像飞，一眨眼就停在了那排胡杨树跟前，时针显示晚上八点五十分，阳光停留在树干上，照耀得树干一片澄明，橄榄色的树叶闪耀白光。左看右看，用各种软件科普，向遇见的每一个路人征询，答案一致：就是胡杨啊。其中一对散步的夫妇说，一定是胡杨，不会错的，我们都看了这片树林二十多年了。

是的，在新疆，只要你询问，你得到的回答一定比你预料的多，这是属于这片土地的坦诚和热情。第一个跑步者在回答我们这些树是胡杨之后告诉我们她还是我们的陕西乡党呢，她祖籍陕西岐山，父母随王震将军来疆，她是“疆二代”，在陕西师范大学读完本科，在回了一次故乡之后决意回新疆当中学老师，理由是“老家人太多太挤了，看得人眼晕，还是这边有敞亮感”。

那对散步的夫妻是上海人，大学毕业后双双来新疆，在司法系统工作直到退休，现在女儿在上海工作，夫妻两个就在新疆和上海之间来回住。妻子快人快语，说这一处此前是一高台地，这几年才改成公园的，这些胡杨二十多前就在这里，后来辟成现在的公园，胡杨树一直在，“你看铁栅栏挡住的那一片林子，和这边最初是相连的，都是胡杨，后来修路，分成两部分了。”既然确定是胡杨树，我索性说出我的疑问，为何胡杨树会长柳树般的细叶？那位先生解释说，胡杨有好几种叶形，椭圆光滑的，边上带齿的，还有这像柳树叶子的，可以在一棵胡杨树上出现，年岁不同而已。他在一棵棵胡杨树下指给我们识辨不同形状的胡杨叶子，时间已近夜里十点半，这边天依旧明亮，一天中最后的夕照给胡杨林投下深深的树影，树叶苍蓝，树身一派金辉，有无限的美。

有了这一次近距离的细致的科普，当我们第二天下午走进塔里木大学，看见校园中挺立的胡杨树的时候，再也不用大声询问“这可是胡杨树？”我们改变语气，说的是：“塔里木大学的胡杨树可真漂亮啊。”在塔里木大学，我们知晓了塔里木大学生命科学与技术学院的教授李志军，她一辈子研究胡杨分布，开展新疆极端干旱区野生植物资源的保护工作，被誉为“胡杨公主”，再看塔里木大学婆娑出无限绿意的胡杨，更觉朴实而美。

胡杨之“胡”显示了胡杨名称中的基因符号。中国古代对北方边地及西域各民族称呼为胡人，胡人、胡服、胡马，胡杨之“胡”即表示胡杨树的生长地域在西北，是西北的特定树种。

胡杨也被称作“三叶树”或“异叶树”，随着树龄增长，树上会出现三种不同形态的树叶，幼龄期叶子细长，形似柳树叶子，为的是给这个时期的树减少水分的蒸发，以适应干旱的环境。青年期胡杨叶子椭圆形，猛看似榆树叶，为的是这一阶段的叶子能够更好地吸收阳光，进行足够的光合作用，为树木的生长提供充足能量。老年期叶子呈现心形，边缘有缺口，为的使叶子能够更好地调节水分平衡,适应极端干旱的环境。如此看，一棵胡杨树，为能适应沙漠变幻多端的气候环境，真是用足了策略使出了所有智慧，不由人心生敬畏。

胡杨遇干旱不枯的原因完全在于胡杨树的发达根系。塔克拉玛干是进去出不来的意思，塔克拉玛干沙漠中，胡杨成为防风固沙最可靠的战友，三五九旅屯垦纪念馆里保留着最初一批进驻沙漠屯垦守边的战士和胡杨树的动人故事。当年三五九旅第一批入疆战士，在修筑地窝子时，都要先选好一棵胡杨树，在胡杨树下搭建地窝子，胡杨盘错有力的树根会起到固定流沙和支撑地窝子不垮塌的作用，胡杨树高高的树干是地面上的标识和导航，如此想来，胡杨树的智慧也启迪了人。胡杨树根系发达，能深及地下数米，以汲取大漠深处的水源，为防风固沙探索更广大范围内的水源，胡杨又把一部分根裸露出地面，这些水平根可延伸到数十米，一分为二,二分为四，不断分蘖，呈放射状向四面八方蔓延，形成根的织网，牢牢抓住流沙。遇枯水期，附近的水源可能枯涸，地表水暂时枯竭，胡杨这些发达的根系用难以想象的坚韧探索出每一滴水的存在，就这样，稳稳地支撑起重而高的树冠，任狂风呼啸流沙肆虐。胡杨被称为性格坚韧的树，人们赞叹胡杨树勇毅，给胡杨赋予许多美好的称颂，说胡杨树活千年不死，死了又千年不倒，倒了又千年不朽，这实在是人赞美胡杨给予胡杨的一种美好期许。

胡杨到底可以生存多少年，科学家经过大量调查，概括出它的基本生长规律，胡杨六十到六十五年进入成熟期，一百年左右就开始出现顶部的枯死，科学家认为在水分条件好的地方胡杨的生命是一百到四百年。目前已被证实的最年老的一棵胡杨树龄有八百岁，依然枝繁叶茂，硬朗旺健。胡杨倒地，树芯也会朽空，只是沙漠的干旱让这些变化缓慢下来而已，明白这些，更该给一棵棵生机盎然的被称为“沙漠脊梁”“沙漠英雄树”的胡杨多些爱护吧，为新疆拥有“世界面积最大保存最完整的原始胡杨林”的吉尼斯纪录而多些感动吧。据普查，世界上百分之九十的胡杨在中国，中国百分之九十的胡杨在新疆。在新疆，胡杨是树，更是扎根的符号，是持久力的象征。

此次我寻访胡杨的旅程至于喀什草湖镇——我们此行的重要目的地——我们大学在徕宁的校区，当我们看到校区大门的道路两旁笔直的胡杨绿廊时，像万里航海的水手看见灯塔一样倍感温暖与安定。此刻，汇聚了高山冰雪融水和泉水以及多条河流的盖孜河河水，在流经疏附、疏勒诸多地区，灌溉滋养了百万亩耕地之后流到了这里，在正午的骄阳下闪耀着粼粼波光。徕宁校区就坐落在这条河边，在距离新疆喀什古城二十里的草湖镇，正有一所现代化的万人高校在这里建成，应新疆和祖国西部地区以及“一带一路”沿线地区产业发展及社会经济发展新需求，培养出更多用得上、留得住、全面发展的应用型人才。赓续“应国之所需、担时代大任”的优良传统，再度开“再西迁”扎根南疆的新征程。

喀什，曾经也被称为徕宁，意即融合以及发展、安居乐业。

石　榴

石榴树红花灼灼的倒影在思源湖波中，明艳且静美。石榴花吸引着学子来湖边合影，一拨刚走，一拨又来。着学士服的学子毕业在即，大学四年校园的最后一个夏天，有非比寻常的意义。石榴花的明艳和热闹或许能淡化一点离别意，也许还是勉励和祝福：前程锦绣远大，莫愁前路无知己。在纷纷合影的人中就有阿依古丽，她来自新疆喀什，汉语言文学专业，谈及未来，她说毕业后回喀什，预备考公务员。我告诉她我刚从她的老家旅行回来，我在喀什古城喝到滋味极美的鲜榨石榴汁，阿依古丽说这个季节用的石榴是去年冷藏保存的，但味道确实也不比秋天的差，石榴是很神奇的果实，她最喜欢石榴一分为二后放在榨汁机里发出的声息，释放出清鲜的气息，有太阳和旷野的芬芳。“榴枝婀娜榴实繁，榴膜轻明榴子鲜。可羡瑶池碧桃树，碧桃红颊一千年。”阿依古丽说她最喜欢李商隐这首写石榴的诗。

石榴从西向东一路走来，是经过了阿依古丽的家乡再走到长安来的。那时候是汉朝，石榴在汉地被称为胡榴也叫安石榴，这指明石榴的来处，“胡”泛指西域一带，“安”是指安息国——今天的伊朗地区。安息国曾经是连接罗马帝国和汉朝的重要贸易点，在古代丝绸之路上有着重要地位。在马蹄的嗒嗒声、驼铃的叮咚声里来到中土的物产中，有石榴、葡萄、核桃、胡萝卜、胡椒、胡豆、菠菜、黄瓜、香菜、芝麻、大蒜……比照一下我们今天的食单，设想一下假如没有这些食物的参与，我们饭菜的滋味会如何?

宏大历史的缝隙里，这些细微处格外动人。我站在湖边的石榴树下，看眼前人来人往，任思绪千里驰骋。种在湖边完全依赖自然生长的石榴有着自然的品相，观赏性远大于食用性，似乎不为吃，更多为了看。我也想起石榴原产地的那些石榴，硕大嫣红，美如神的艺术品，看见石榴产地的主妇们用精美的刀把石榴一分为二，碗口大的横切面闪耀玛瑙的光泽，一分为二的石榴被女人按在榨汁机里，简单地按压，迷人的声息，嫣红的石榴汁咕咕涌入精美的玻璃器皿。抿一口新鲜的石榴汁，瞄一眼头顶浮光耀金的太阳，由衷赞叹上天对这片土地和土地上人民的眷顾与宽仁。

石榴是落叶灌木或小乔木，根易生根蘖，树冠内分枝多，低株的石榴有三五米，高可达十米，生长健旺，石榴叶对生或簇生，绿光莹亮，花有单瓣、重瓣，有红、黄、白色，一朵至数朵生于新梢枝头，是优美的庭院风景树，作为园艺审美的历史悠久。石榴树春三月抽芽，四月满绿枝头，五至六月是石榴的盛花期，某一天，猛见万绿丛中一点两点醒目红花，随之，火红的石榴花在渐渐到来的热风中缀满石榴树。九月前后，就到吃红石榴最好的季节。石榴果实为浆果，颗粒晶莹，甜蜜多汁。想象一下，一个初开石榴的人，第一次面对掌心的石榴，闻着扑面而来的甜美气息，看密实圆润的籽实，一定会留下深刻的第一印象。

石榴的形象美好，这从对石榴的命名可见一二，除了因为产地而叫胡榴、安石榴之外，石榴也被称为“丹若”“金罂”。“丹若”是说石榴的颜色，“罂(yīng)”是一种腹大口小的瓦器，用于盛酒，“金罂”当然指黄金装饰的罂。石榴金灿灿的果实给人如黄金装饰的美好印象，因此有这般名字。石榴火红多籽，一房千实，石榴新开，石榴籽以奇妙的序列整齐排列，于是人们视石榴为“吉祥之果”，赋予石榴多产多子多福的象征意义，石榴的朱砂色有天然高贵的朱红，在人们看来也有驱邪纳祥之意，民间就有“榴花攘瘟剪五毒”之说。

无论东方西方文明，石榴的美以及象征意义被一致认同。

在诸多古老的民族中，石榴的地位极高。佛教寺院中，把石榴当成重要的供果，犹太人在宗教礼仪中也用石榴，《圣经》中把石榴与丰饶相联系，一片长满小麦、大麦、葡萄、无花果树和石榴树的土地，是吉祥福地。古往今来人们不厌其烦地赞美石榴、图画石榴。敦煌莫高窟的壁画中有石榴，耶路撒冷圣殿的石柱上雕有石榴，在基督教艺术中，石榴果实裂开、果籽丰满的样子据说象征着永生的希望，圣女手捧石榴，圣婴手拿石榴，唐代的宫廷仕女盘子里端着石榴……从神到人，从皇室到民间。

石榴的汁液被称为天浆，即天赐的浆汁，这可看作对石榴最高级别的赞美。石榴在审美以及食用的同时，也被应用于医药，《名医别录》《本草纲目》中都记载石榴的药用，《酉阳杂俎》记载，“石榴甜者谓之天浆，能已乳石毒。”“乳”指石钟乳，“石”指石英之类的矿物。古代医学中有服食乳石之法，服食乳石易中毒，而石榴汁可解。

石榴果实的外皮又有收敛的功效，做药用可治痢疾。古波斯人认为石榴有净化能力，“纯洁的石榴那迷人的叶子”据说咀嚼就能使得内心纯净无染。而石榴皮的药用功效连我乡下的老外婆都知晓，小时候院子里就有一棵石榴树，记忆中的石榴果远不如今天所见的果实硕大炫目，石榴果小，可能总等不到果实彻底成熟的缘故吧，滋味也多酸涩，但那样的石榴也不容浪费，我外婆总是及时把我们扔掉的石榴皮收集起来，洗干净晾干装在玻璃瓶中，等下回谁拉肚子了煮水喝，疗效显著。

我在湖畔和阿依古丽讨论石榴，而无论新疆石榴，还是比邻西安的临潼石榴，两地的石榴原出一个源头。石榴在中国的栽培史始于汉代，《博物志》记载，“汉张骞出使西域，得涂林安石国榴种以归……”甚至有人追溯石榴传入中国的路径，说石榴来到中国甚至早于张骞出使西域带回石榴种子，由更早的商旅带回。无论谁早谁晚，事实是，只有道路的通畅才有物流的畅达，凿空之旅的伟大意义即在于此。

一个在临潼种石榴的果农讲，石榴不用尝，看颜色就知道。石榴引入中国，经过千年繁育，而今中国优质石榴产地有新疆叶城、陕西临潼、四川会理、山东峄城、安徽怀远、云南蒙自、江苏徐州、河南开封……一座座石榴园，分布祖国东南西北。

“不为深秋能结果，肯于夏半炫生姿。”石榴在诗人眼里是“每一颗都将王冠戴在头顶”，被赞为“奢华的甘甜”，赞美石榴的诗句多不胜数，“高枝重欲折，霜老裂丹肤。试剖紫金碗，满堆红玉珠。根虽传大夏，种必近仙都。题作江南信，人应贱橘奴。”“庭榴结实垫芳丛，一夜飞霜染茜容。万子风胞无异质，金房玉隔谩重重。”真是把对石榴的赞美说尽了。武则天也写过一首涉及石榴的诗《如意娘》：“看朱成碧思纷纷，憔悴支离为忆君。不信比来长下泪，开箱验取石榴裙。”诗句晓畅直白，容易读懂。武则天那时还是武媚娘，她的诗是写给天子唐高宗的，诗句中满是思念的眼泪和胭脂的味道，诗句如何在两人之间传递令人只能想象，但是诗句流传了下来。

流传下来的还有石榴裙。石榴裙是当时年轻女子极为青睐的一种服饰款式，裙如石榴之红，不染其他颜色，穿着此裙的女子俏丽动人，“眉黛夺将萱草色，红裙妒杀石榴花。”在唐代画家周昉的《簪花仕女图》中便可见到穿着石榴裙的贵妇。“洛浦疑回雪,巫山似旦云。倾城今始见,倾国昔曾闻。媚眼随羞合，丹唇逐笑分。风卷葡萄带，日照石榴裙。”有如此美人着如此石榴裙，其美美甚。“辘轳井上双梧桐，飞鸟衔花日将没。深闺女儿莫愁年,玉指泠泠怨金碧。石榴裙裾蛱蝶飞,见人不语颦蛾眉。”愁绪在美人眉目间，即便是绚丽的石榴裙，亦是美的怅然。石榴裙使爱美又勇于探索的女人拥有如石榴花般的美丽夺目，自由动人的力量，生成了“拜倒在石榴裙下”的爱情考验。

红石榴献给长者尊者是祝福，赠给新婚夫妇是祝贺，祝祷接受者纳美意，福寿绵长，儿孙罗堂前。石榴，天下之奇树，九州之佳果。一株能开火焰般花朵、能结红硕果实的石榴树，美好显而易见。

金风吹拂，又到吃石榴的时节了。石榴熟了，对石榴最具体真切的赞美，在我看来就是依着石榴凸凹有致的纹理打开一枚嫣红的石榴，仔细享受它每一粒的甜蜜。

校园所在的白鹿原和盛产石榴的临潼咫尺之遥，我们能吃到滋味佳美的石榴，真是有福气。

栾 树

金风飒爽，进入九月，栾树在开一年中最后的花。

校园的园林之美，有多少来自栾树的贡献？真难以计算。书苑北路、服务路、友爱路、体育场边、青教楼、外教楼旁，都有栾树。七月开始，栾树就开花了，细细密密的碎花一簇簇开在树顶，在树冠闪耀光芒。进入八月，栾树到了盛花期，千朵万朵，一穗穗高挑树枝，人在树下仰望，一片耀眼的金光，和栾树叶浓郁的绿搭配，在碧蓝的天宇下，是盛夏向清秋过渡时最美的花朵和颜色。

栾树开花时极易辨识。此刻，满校园层层叠叠的绿色中，紫薇高擎一树树红花，国槐淡黄的小花已近尾声，金色的栾树花格外醒目。书苑北路宛转，友爱路是一条南北向端直的路，株型高大、树冠庞然的栾树在这两条道路上空撑起密实的绿，近距离行走树下，常常有栾树细碎的小金花溅在头发上、肩背上，或擦耳而过，雨滴般落于脚下地面，跳荡出点点金光。

欣赏栾树最好是在服务路。服务路沿高高台阶缓缓错落，这阶梯般的抬升和错落恰好叫栾树开花的树冠和人的视线有一个恰当角度，最宜于欣赏栾树。春天栾树爆出满树新芽，可踮脚张望，夏天栾树次第开花，花开花又落，一日复一日。猛一天，树顶披金，树下流金，如此景象可以延续到深秋。冬天，阳光把树影涂绘在道路上，是长长的灵动的水墨卷轴，日光月光灯光和栾树合作绘制的一幅幅水墨又在日影月影灯影的变换摇移中迁移变换，不觉就美成了唐诗："才被太阳收拾去，却叫明月送将来。"服务路上的栾树最美的还是初秋开学季，栾树黄金般的花穗缀满枝头，又时时淋洒下黄金雨般的碎花，不久即能在树下铺一地厚厚的金色栾树花，金花被风掀动，汇聚成细细的金线贴在护路石的缝隙间，让地面瞬间充满美感和诗情，踏过此时的道路，都忍不住要轻脚缓行。栾树英文称 Golden Rain Tree，黄金雨树，也表明栾树盛花季节的这个特点。

栾树花细小如米，细看却极精巧，每朵花都有四个小花瓣，花瓣向外反折，如蝴蝶振翅，花芯从花蕊中挺出，花片基部是橙红色，红黄镶嵌，天衣无缝，是大自然的丹青妙手所为。单朵的栾树花落地，需小心仔细才能拾取在手，停泊掌心，人不觉屏气敛息，生怕呼吸太猛会吹飞掌心的巧妙与精工；成簇的栾树花却能宣示出群体的力量，明华灿灿，可以汇成黄金的溪流与悬瀑。

栾树花一边开，一边落，一边结果，直到进入秋天，树上时见黄花灼灼，同时又悬挂铃铛般的蒴果，极其悦目。栾树蒴果是三棱的圆锥形，每个三角的果瓣上都有清晰的网纹，似乎栾树格外善于在细微处用功力。蒴果随时间推移变换色彩，从最初的红到渐渐的黄到成熟时候的白，由嫩及老，远看成团，细看成穗，高挑枝头，似花非花，似灯笼又非灯笼，如此之美，在一棵栾树上，可以从七月持续到十月。

栾树勤恳开花，勤恳结果，一边开花一边结果，也因此，假如你因为暑假错过看栾树最绚烂的花而遗憾，栾树会在秋季开学日依然等你来发现它，栾树高挑出它的蒴果欢迎你，偶尔也在树的一角挑出几枝金色花穗提醒你。

校园春天开花急，梅、桃、李、樱竞相绽放，紧随其后有玉兰、牡丹、芍药，花开起伏，催促提醒人，美好的青春如春天美好而短促。紧随夏天，是蔷薇、睡莲、木槿、紫薇，目不暇接，繁花迷人眼。忽然一天，栾树披金，栾树花开，金花璀璨耀眼，又有一股沉稳与沉静，像是特意为春夏众花喧闹后留一个长长起伏与递进，进入九月，栾树上金黄的花簇越来越少，橙红的蒴果倒是团团簇拥，成为金秋显著的设色。金风阵阵，吹拂栾树灯笼般的蒴果渐渐由黄变红，最后渐进为成熟后的白色。教室里学生们在上课，教室外秋阳绚烂，栾树在完成最后的笔墨实践，从叶的淡绿、墨绿到苍灰，从花的淡黄到金黄，从果的青绿、粉红到亮白，忽地一阵脆响，成熟的栾树蒴果坠落地面，把成熟果实的喜悦展示给第一个捡拾栾树蒴果的人。捡拾者剥开一个小灯笼般的栾树蒴果，发现里面有两颗黑色种子，黑色种子珠圆玉润，像黑眼眸，而无论以何种角度看，整个蒴果都像一张超神奇的生动的脸，正眨动一双黑色眼睛打量看它的人。

根据《中国植物志》的记录，全世界栾树属的植物有四种，中国占有三种和一个变种。栾树是无患子科栾属落叶乔木或灌木，校园种植的都是高大乔木。据说树皮呈灰黑色有纵裂是栾树健旺的标志，仔细观察校园里的栾树都能得到印证。羽状复叶的栾树在秋天也给校园的缤纷秋色添一抹彩，金黄色落叶在风中翻飞如蝶舞，那时候，环卫工扫过一个夏天栾树落花的扫帚又要急急挥舞，忙于扫栾树的落叶了吧。

栾树被称为“一岁能占十月春”的树，备受人欣赏。栾树最早的记载出现在《山海经》中：“大荒之中，有云雨之山，有木名曰栾。禹攻云雨，有赤石焉生栾。”栾树作为庭院树木栽植始于汉朝，在《梦溪笔谈》里有记录。栾树广泛受人喜欢，栽种历史悠久，文化底蕴深厚，按照《周礼》中的规定，不同阶层的人去世后在陵墓旁栽植树木会因身份而不同，树种要有分别，“天子坟高三仞，树以松。诸侯半之，树以柏。大夫八尺，树以栾。士四尺，树以槐。庶人无坟，树以杨柳。”这就是栾树也被称为大夫树的原因。“风高大夫树，露下将军药。”唐代名相张说诗中的“大夫树”即是说栾树。

栾树做景观树、行道树，列距种植壮观，单株种植雅静，以我看，成排种植的栾树在秋天的高楼上看最好，单株的栾树在空旷地看最美，以金秋时节最相宜。这个时节的栾树，金黄的花、火红的果、深绿的叶，且缤纷，且斑斓。“绛霞烛天，单缬照岫。先于霜叶，可增秋谱”，还是《植物名实图考》写栾树的这些句子最简单准确。

“奇妙震撼，绚烂一生”是栾树的花语。

一年好景君须记。趁着金秋好时节，多在校园这几条遍植栾树的路上走走，看头顶栾树通红的灯笼果灿烂，看更远的天空深邃明澈，新的学年，新的开篇，走过栾树下的学子，缘何不拥有明朗舒展的好心情呢？

白　杨

西花园西围墙根，长着一排大白杨树，目测树的高茂之姿，或许校园建校日就长在那里，幸而被圈进校园围墙里面，成为西花园别样的风景。白杨树下常见学生们的身影，阅读、演练习题，或携书来回踱步，画面温馨，情景相宜。想偌大校园，实在不可缺了这一方风景。西花园高踞白鹿原边，从这里可以眺望城市东南的灯火，而越过那一排白杨树，围墙外是广袤的田园，果树蔬菜，玉米小麦，应季而生。白杨树撑起在高天上，俯瞰这一切。

春天，围墙外不时传来雉鸡的鸣叫，“关关雎鸠”，把春天叫得格外迷人，听着时远时近时而缥缈时而又清晰如在咫尺的鸣叫声，偶尔联想，若是墙这边白杨树下的读书人，恰好读到《诗经》里的《关雎》篇，是否有千年光景聚于一瞬的慨叹，会不会有思接千古的妙不可言？

白杨树正开花，淡淡的清苦味混合进泥土露珠的味道，是煦暖春天特有的清新气。杨树花开花落，一条条花穗跌在砖地上，低处的花草树木上，乍一看，像蠕动的毛毛虫。常常，白杨树下石凳上的读书人，脚边、书册，常落这胖胖的“毛毛虫”，读书人见多不怪，任凭这“毛毛虫”擦肩而落，擦书页而落，读书声并未有些许迟滞。

某一天，树下不再有掉落的毛毛虫，此时的白杨树上，时时飞起雪片般的白色飞絮，飘落低处的林木草地，像一场骤降的阳春白雪，树下不久即能积攒一层薄雪。风静时，杨絮息止，风来，杨絮随风起舞，决意再出发寻求新的落脚点，或飞落一片花田，或飞过院墙到更大的旷野。

南风一阵紧似一阵，终于不再有白絮从白杨树上飞出，却有白杨硕大的叶片被风掀动，发出如人鼓掌如水流响的哗哗声，像是为花园里的人事鼓掌，为读书人的笃定，为花儿们激情的出场呼喊叫好。第一声蝉鸣在白杨树的高枝上亮起，新蝉试声，短促的、拿不准的、跃跃欲试的，也是可喜的。幼蝉只需一试再试，就能发出嘹亮的歌声。此时夏代替了春，迅疾而来。蝉鸣声越发密集嘹亮，混合进蛐蛐的鸣叫，麻雀、斑鸠、鸽子、黄鹂、灰喜鹊似乎都喜欢这座花园，时时飞来，在玉兰树、蔷薇、连翘花底扑棱，呼啦一下落，呼啦一下起，只有灰喜鹊，最喜栖在白杨树的高枝上引吭高歌，做眺望状。白杨树叶子在盛夏长到了最大尺幅，叶脉深而纹路清，吞吐着日月精华，为巨大树身汲取传递天地间的能量。无法准确定位风向的风吹在玉兰那里是噗噗声、在蔷薇架下是飒飒簌簌声，在白杨树那里，永远是大方明亮的哗啦声。

蝉也是喜欢白杨树的吧，因为西花园有白杨树这一带，蝉鸣声最密集最嘹亮，数不清的蝉在白杨树间高歌，似乎把夏天的热都提升了好几度，风不来，白杨树叶沉静不响，把空间一齐让位给高鸣的蝉。可忽然地，一瞬间，所有蝉都一齐歇止，万籁俱寂，却有一片并未枯黄的白杨树叶子“啪”的一声落在树下的方砖上，像一声预告：盛夏也会过去，秋天即将来临。

一片，两片，三片，最早飘零的白杨树叶子显露出清秋意。白鹿原的早晚愈发凉爽，早晨杨树下晨读的人，偶遇螳螂从西草坪想要走到东草坪去，螳螂走几步就要停下来，向四周观察动静，兴之所至，伸长胳膊，歪着脑袋，向虚空举臂呐喊不为人知的螳螂语，叫人联想“螳臂当车”这个成语，若是螳螂知晓人语，会不会揶人一句“自以为是”呢?

白鹿原上的九月秋高气爽，白杨树顶上的天空寥廓深远，白杨树叶子在明晃晃的太阳下呈灰白色，依然在风中翻出哗哗鸣响，但此时的声响，却总有一些向一年最热烈的日子说再见的意味。

白杨树是雌雄异株，春天白杨树上的“毛毛虫”是白杨树的花，白杨树先花后叶，白杨树花植物学上称柔荑花序。柔荑（róu tí）本指春天初生的茅草芽，《诗经》里描写美人，有“手如柔荑，肤如凝脂”这样的句子，春天看见白杨树的花穗，联想到这古老的比喻，更仔细地看一眼白杨树“毛毛虫”般的花穗，看清白杨树的柔荑花序由许多小花组成，每朵小花再由一个雄蕊和一个雌蕊组成，花序柔软下垂，有一种渴望高飞先自低垂的柔韧劲，就柔韧这一点比喻美人手指，柔荑也算措辞别致。中医里说白杨树皮性味苦、寒，难怪这苦寒之气在白杨树的花、叶中都能明显感觉到，走向那排白杨树，远远看见树梢，树的清苦气息先迎过来。

白杨树飘飞出的一团团白色飞絮是白杨树雌株的种子，白杨树飞絮并不能自行飞远，要远飞需借助风力，遇障碍会一团团卷聚在一起，草丛竹林常常堆卷这白色飞絮，像棉花团，让这小花园一角，像个小型的弹棉花铺子，即便清扫者的扫帚时时挥舞，也终不及一场雨、一场更大的风能快速安妥。对飞絮过敏的人来说，这是美丽春天的副产品，好在春天本就短暂，又想到这是白杨树在传播种子，人也会心气平和，把抱怨的话在肚子里自行消化。

白杨树是北方常见的树种，白鹿原的村道上常见笔直延展向远方的高大白杨树，给一条普通的村路增添辽阔之美，白杨树擎天高举，树下树荫如画，春夏秋冬，四季可赏。单株的白杨树在地畔挺立成为地标，挺立在老建筑边上像个忠诚的看护人。白杨枝杈有天然的婆娑姿态，树叶硕大茂密，高空中随风翻动，哗然声喧，忽大忽小，时而激烈，时而悠长，白杨树很像树中的歌唱家。灰绿的树叶在风中忽地白、忽地绿、忽地灰，又像是树中的魔术师。灰白色的树干自生图案，或菱形，或水纹状，白杨树又像是树中的绘画大师。这还不够，白杨树索性把图案变成眼睛——各种表情的眼睛，沉思的、迷惘的、惊讶的、含笑的、瞻望的……任人在树下仰望、徘徊、思索，想这白杨树是有情绪和思想的树吧，是树中的哲学家。

西花园的白杨树，几乎每一棵上都长着大大小小的眼睛，人站在树下看树，也被那一双双眼睛看。细看白杨树的眼睛，或生高处，或生低处，两只并列的，三只魔幻的，五六只比目的，甚至一株树身上长着十数只眼睛且表情神似的。无论细眼还是圆眼，深眼窝还是鼓眼珠，都眼线流畅，弧度优美，不觉好奇，为何白杨树干上长“眼睛”？植物学解释，白杨树干上的菱形斑纹是白杨树的皮孔，气体交换用的。像眼睛的大眼睛斑纹是白杨树在生长过程中，侧枝因外力脱落或遇修剪砍斫后留下树的瘢痕，伤口愈合过程中，白杨树木质的部分成为眼珠，而树皮部分形成眼眶，年复一年，渐渐生成白杨树上的无数“眼睛”。

西花园的白杨树，因为这许多的“眼睛”格外动人，格外有魅力。徜徉在高高的白杨树下，聆听树在高空发出的天籁之音，和这许多眼睛对视，不觉想象树的内心，会不会借助这些眼睛里的神情表露一二，在树无数次落下柔荑花序，飞起如雪飞絮，落尽树叶又在来年春天散出新叶，年复一年，树长出新的年轮时，树身上的眼睛，神情里分明多了一层含义。

长安陌上无穷树，唯有垂杨管别离。这是刘禹锡的诗句。那些在西花园的白杨树上写下心语的少年，他们的心愿都达成了吗？而今，他们又都在哪里？

只有时间和白杨树顶上的流云飞呀飞，只有杨树叶子年年如新，翻动出如水流响亦如人鼓掌的喧哗声。

桂　花

“兰叶春葳蕤，桂华秋皎洁。欣欣此生意，自尔为佳节。”桂花总是和金秋紧密相连，中秋赏月，总有桂花的香气远近可闻。今年中秋，桂花却未开，秋分已过，桂花仍迟迟不见开，想来今年夏天西安热又少雨，持续高温远超往年，立秋后秋老虎的尾巴拖得又长，草木有本心，偏爱清秋凉意的桂花在热中休眠了，欲开不能。我这样猜测着，频频去校园的一株株桂花树下勤探看，秋分这天，眼看着桂花芽包缀满小枝，总算放下心来，想着到下一个节气，校园一定处处浮动桂花甜蜜的香气。

校园有好几处种植桂花，湖边的桂花树高，教学楼时光流水广场比邻的花园分布最广，梯级台阶两旁都是桂花树，桂枝长条，绿意盈盈，高低错落，落落大方。往年桂花盛开时，上课下课，常有学子特意绕行，选择从此路经过，经过桂花树下，心中是否也发一回“桂之树，桂之树，桂生一何丽佳！扬朱华而翠叶，流芳布天涯”的赞叹？

校园的桂花多为小乔木，枝柯横斜，姿态天然，能近距离观察桂花的花与叶。桂花四季常绿，叶脉清晰，枝干强实，桂花花簇生，一簇簇小碎花密密地开于叶底。桂花有四种，从花色上分别，花金黄色的是金桂，淡黄色的是银桂，橙红色的是丹桂，四季都能开花花色清淡近白色的是四季桂。金桂、银桂、丹桂为乔木或小乔木，四季桂是丛生灌木，我曾在公园路边听一老者大声抱怨公园管理者不该过度砍削桂花树，致使好端端的桂花树长不大，长不高，只是“一堆不成形的灌木丛”。想来老人记忆里是有过一棵高大美好的桂花树的，询问，果然说老家在陕南，村子就叫桂花村，村里有两株并立的老桂花树，开花时十里香,树高过对面那栋楼,老人指给我看的那栋楼有三层。我很想告诉老人眼前的四季桂本就是灌木，公园园林绿化取四季桂一年四季开花的好处，而四季桂就是不砍削，也长不过乔木的桂花树。四季桂也因为四季均能开花，似乎把香气分摊了，花香得淡，香得模糊，不比银桂香，尤其金桂，有豁出去的率性一香。

除了四季桂一年都可开花，金桂、银桂、丹桂多是九、十月开花。开花时这几种桂花可以根据花色辨识，不开花时它们蜡质的叶子四季皆绿，不易区分，细看，也能看出区别，从叶子正面的颜色看，丹桂叶子墨绿色，金桂次之为深绿色，银桂最浅为青绿色。从叶子的形态看，叶短而圆叶边缘有齿裂的是四季桂，叶片狭长叶尾更尖长的是丹桂，金桂叶尖而叶尾略比银桂长，银桂叶圆而叶尾略比金桂短。这样说的时候有点像说绕口令，但是课余饭后，站在一棵棵桂花树下，何妨借此区分法作一鉴别，辨别校园里的桂花，哪棵是金桂哪棵是银桂哪棵又是丹桂、四季桂。

“井莲当夏吐，窗桂逐秋开”，在古典的园艺美学里，莲花适合种在天井里，桂花要栽在窗边才有意趣，人们热衷于在园林中种桂花树,除了桂花树本身具有的姿态美,取“桂”与“贵”音同的吉祥寓意或许也是人们多爱栽桂花的原因之一吧。至今，诸多名园也因能秋赏桂花而成为人们应季探园访花的一大诱因，留园有“闻木樨香轩”，网师园有“小山丛桂轩”，沧浪亭有“清香馆”。窗下、庭前、廊侧，桂花或孤植或丛植，秋高气爽相鲜新,人们游园赏桂花,留恋树下花前,自当心旷神怡。“桂”同“贵”，“椿萱并茂，兰桂齐芳”是对一个人最周全的祝福。

桂花的可喜更在于桂花的香气，桂花的香气人尽皆知，但要准确描述，却众说纷纭。有人说桂花香冷，有人偏说桂花的香气自带可亲近的暖意，有人说桂花香浓郁近似麝腹龙涎，有人偏说桂花香气清远能叫人神魂轻盈飘然欲仙，种种，终不如用“桂花香”一词来描述桂花的香更精简。桂花的香气叫人神清目明，有疗愈功效确是公认的，如此说，校园的读书郎，何不趁桂花花开当前，多在树边站，深呼吸。闻着，就闻出了经验，知道四季桂香味最淡，丝丝缕缕，来无踪去无影，银桂的香气雅洁清幽，久闻不腻，丹桂花味像是被蜜蜡封着，要凑近了闻，“十里桂花香”是说桂花中的金桂花吧，炽烈浓郁，香气里有泼辣的成分。《红楼梦》中，曹雪芹就给薛蟠的媳妇命名金桂，一个不怕天不怕地不怕薛蟠，就连薛姨妈、薛宝钗都奈何她不得都要躲避的泼辣女性形象，但曹公一定是对这一角色深表同情的吧，要不怎肯赋她金桂之名呢？

汉代《淮南子》中有“月中有桂树”的传说记载，“月中桂树”引人无限遐想，诸多咏月诗中常见这棵桂树的身影：“兔寒蟾冷桂花白，此夜姮娥应断肠”是李商隐的想象，“斫去桂婆娑，人道是，清光更多”是辛弃疾的想象。人们把月宫中那棵高五百丈的“桂树”想象成心目中的桂花树，将月亮称作“桂轮”“桂魄”，皎洁的月光称作“桂华”，嫦娥奔了月亮，月亮里住着嫦娥、玉兔、蟾蜍，吴刚伐桂，吴刚也捧出桂花酒。神话既矛盾又能自洽。

古今喜欢桂花的人很多，唐诗宋词被桂花甜蜜的香气点染，这香气在李清照那里，是熨帖愁绪的，她落笔桂花，直言“终日向人多酝藉，木樨花”（木樨花即桂花）。桂花在许多古代文人笔下常被称作第一花，可能也有缘故，桂花开放的时节“菊小芙蓉老”，秋菊开放还早，荷花已然零落，莲子都已老熟。桂花又是香气蓬勃的花，西风渐起，清露霏微，桂花一树香风，相续十里，似乎在晚秋又能唤回些煦暖春意。有人说桂花声誉高，更在于桂花的出身，桂花是从月亮仙宫里移来人间的啊，桂花就是神仙花，自会有不一般的香与韵、清与洁。读无数古人写桂花的诗句，我最喜欢的还是王维的“人闲桂花落，夜静春山空。月出惊山鸟，时鸣春涧中”。即便弥漫全篇的禅意与深静，但却是“在人间”的。读这样的诗句，都能模糊看到诗人写下这些句子时的神情。值得注意的，还有诗句中和簌簌落的桂花相呼应的两处春，春山和春涧的对照，王维诗中一派寂静月光下簌簌落的桂花，是桂花中的四季桂吧？

桂花甜暖的香气叫人联想到美食中的桂花。中医说桂花是“温阳使者”，能驱寒气，疏瘀滞，醒脾胃，“能疗一切冷”。桂花入茶，可当茶饮；桂花酿酒，是桂花酒；桂花做糕，称重阳糕，历史悠久。不说远的，只说西安美食之一的桂花凉糕，若是没了糕上面那一抹桂花香喷喷的点缀，想想这糕会失却多少好滋味。我猜想入糕的桂花应该是桂花中的银桂花吧，香气清远不腻人，食用最好。我曾在南京一家小店遇见一个吃桂花糖糕的男人，似乎极爱吃桂花糖糕，和人说话也不停嘴，忙里偷闲地咀嚼，细水流长一丝不潦草，于是，听他说话，声未到香先至，料想做那糖糕用的桂花，也是银桂花吧。

看桂花参与各种吃的喝的，也激起想要实践的热情和动力。某年机缘巧合，连续半月，走到山南山北，都遇桂花盛开，恰又是友人自家院子里的花树，可以随心攀摘，于是做桂花茶、桂花酒、桂花酱，用糖、盐腌渍，熬酱用红糖文火慢煮，分别用了金桂花、银桂花，做后的体验是做的兴味远大于吃的乐趣。

金风从何处起？从草尖上起，也从校园一树树桂花的长条上起。桂花的落花如金粟，“金粟霏霏下如雨”，桂花盛花过后，遇大风起，人立桂花树下，霏霏金粟披发、披肩，树上，风中，地上，都是飒飒簌簌的桂花在落，其场景感动可想。

卫　矛

从图书馆出来，向教学楼方向走，猛见前面一树绯红，心中诧异，紧走两步，心中想，会不会是卫矛呢？走进细看，还真是卫矛科卫矛属植物中的华北卫矛，又叫白杜，又叫丝光木，不觉赞叹，偌大校园，也是植物的宝库，真是探索无穷，发现不止。

深秋的华北卫矛，果实密密累累，炸裂的果壳中露出红珍珠般的一粒粒果实，叫人惊讶惊奇，想象此果若是能镶嵌成珠链，绕于美人手腕美人脖颈，当为美人增添另一重光辉。华北卫矛密集的果实叫人赞叹，鸟儿也爱悦，麻雀、画眉、燕雀时时飞临，终日啄食种子。

听闻鸟雀在树冠中扑棱，一个场景再次浮现眼前。其实，在我尚不确定眼前这树木即是卫矛的时候那个场景就已浮现，等看清树木上悬挂的牌子时，才把记忆中那个深深打动我的场景和眼前景象重叠印证。某年，我们一行人工作途经崆峒山，同行赵君看见那座山，当即恳请我们慢下来，热情邀请我们一起攀登，如果我们不想登山，也请我们在山下等，等他朝山之后再一同返程。

赵君说了童年的一段往事。赵君八岁那年吧，父亲回家告诉母亲他要去朝拜崆峒山,母亲连声赞叹,眼露出十分向往的光,恳请父亲能带她一起朝山，因为在母亲自小的认知里，崆峒山是一座神奇无比的山，去朝拜了山，此生必将万事顺意，但是父亲扬扬得意,说朝山哪有女人的份,崆峒山是男人才能去的山,何况，他去朝拜了山，母亲渴望的意义一样达到。其实，不带母亲同往或许有经济拮据的直接原因,那时交通不便,山高路远,都成为母亲朝山的巨大阻碍。赵君眼见着火焰从母亲眼里退去,最后母亲眼里只剩下两堆小小的灰烬，而幼小的赵君，心里的远方就是崆峒山了。等赵君有能力带母亲去朝山的时候，母亲已不在人间了，于是崆峒山成为母亲一生神往的地方，也成为赵君别有意味的地方。当此际，当“崆峒山”的指示牌出现在车窗外，赵君一定是要替母亲朝拜这一座山了。

我们一行立即决定陪赵君登山，眼见天色近晚，我们成为当天被放行的最后一批游人，上缆车，下缆车，一路小跑，气喘吁吁，登台阶登到腿脚软，但我们一心想要赶在天黑前多走一段，能让赵君多攀爬上几个梯阶，最好能上到山的最高处。眼前殿宇巍峨,晚钟悠扬,但我们来不及多流连,弯腰奋力向前。

眼见着天色一点点暗下去，林间薄雾升起，却映出眼前一片绯红色漫漶山谷，绵延山脊，似花非花，是果却不知是何树木的果实。眼前的树木高茂挺秀，枝干分杈充满自然生长的天然迷人，那无可名状难以状写的红艳却叫渐起的暮色中深邃无边的伟大山脉传达出无限的空旷，又有可以亲近的温情与暖意。

赵君终于停下匆匆赶路的脚步，站在高大卫矛树下的赵君像万里归来母亲身边的游子，平定安静。我们也停下脚步深长呼吸，直到后背干爽，心跳平复，眼耳鼻舌身意一时清明起来。这时同行中有人朗诵起一段文字来——

> ……李小龙看见一只鹤……天空淡蓝淡蓝的，淡得像水。李小龙一抬头，看见天上正飞着一只东西。鹤！他立即知道，这是一只鹤。李小龙没有见过真的鹤，他只在画里见过，他自己还画过。不过，这的的确确是一只鹤。……飞得很高，很慢，雪白的身子，雪白的翅膀，两只长腿伸在后面。李小龙看得很清楚，清楚极了！李小龙看得呆了。鹤是那样美，又教人觉得很凄凉。
>
> …………
>
> 李小龙后来长大了，到了很多地方，看到过很多鹤。不，这都不是李小龙的那只鹤。

…………

同行者大概没有人不知道这是汪曾祺老先生《昙花、鹤和鬼火》中的一段文字，于是有人调笑，眼前这高茂绯红色树木是卫矛不是鹤，赵君也不是李小龙。但是我们所有人都被眼前的人事情景深深触动，慨叹卫矛的红色种子是那么神奇，卫矛是那么美，人人都觉得此行圆满。我们在暗黑中摸索着缓慢下山，内心安详。

可能也因为这段经历吧，当我在校园看见这一排红果累累的卫矛树时深深地被树触动，并常去树下探望。笼统叫这些树卫矛似乎并不准确，或叫白杜，或叫丝光木或叫华北卫矛可能更符合植物学意义上的准确，因为木本的它确实有别于卫矛本尊。卫矛为落叶灌木，野生的分布于山林坡沟，又叫鬼箭羽、千层皮、四棱茶、四棱棒、山扁榆、篦梳风，听其名，思其义，就知道和眼前这些树木的区别，卫矛是一味中药，古代医典中如此解释卫矛名鬼箭羽的名字由来："鬼箭羽以其形似箭羽，故有鬼箭羽之名。""其茎有三羽，状如箭羽，世皆呼为鬼箭。"而卫矛一名始见于《神农本草经》："卫矛，一名鬼箭。"说明两个名字下其实说的是一种植物。两种卫矛属植物最大的相似是它们的种子，果实繁多艳丽，裂瓣椭圆，成熟后自然开裂，红艳的果实叫人一时误当成花。

校园里除华北卫矛外，另有陕西卫矛。陕西卫矛因其果实和蝴蝶极其神似，也因此被人命名为金丝吊蝴蝶。蝴蝶给人美好联想，金丝吊蝴蝶因为形象美好而被人广泛种植成为园林栽种的树种。金丝吊蝴蝶为人广泛熟知，但很少有人称呼它的学名，那天我就在校学术交流中心听见几位临时来做工的建筑工人一边劳作一边议论眼前所见，他们称呼那些陕西卫矛就用了“金线吊蝴蝶”之名，说金线吊蝴蝶喜光，要是不被周围那些大树遮挡，会长得更好果实会更红艳之类的话，叫我大感意外。因为从这里不知道走过多少回，我是仔细寻找了才知道那里长着几棵陕西卫矛的，看见树在仲秋之后垂下一根根细韧如丝的花梗，末端坠一沉沉如蝶的荚果，觉得为这卫矛起名金丝吊蝴蝶颇生动颇具象。陕西卫矛的叶子杂在加拿大红槭和桂花、木槿之间可能会被忽略，但它的果实却是出列的，成熟的果实在一根根细韧的果梗末端错落悬坠，微风轻扬，如蝴蝶扇动翅膀翩然欲飞。细看，果实大多有四个角，个别的呈五个角，每一枚果角里都有四到五枚红色的种子，果角成熟后开裂，暴露出里面的种子，树用种子招待鸟儿，鸟儿殷勤光顾，乐意为树传播种子。

卫矛有二百多个品种，冬青卫矛校园也可见到。留心看，许多被园艺工修剪出图案的绿化带就是冬青卫矛，冬青卫矛的花期远远长于华北卫矛和陕西卫矛，四月上旬冬青卫矛已现花蕾，七月中旬花朵盛放，单朵花花期近三个月，花开得不慌不忙，优哉游哉，冬青卫矛小小的花朵细看也很可观。七月末冬青卫矛花谢落幕，之后小小的果实密集地长出来，十一月冬青卫矛的果实成熟开裂，露出种皮之下嫣红的果实。冬青卫矛园林绿化常见，只是常被修剪得整整齐齐，所路过之人常忽略了它的花，看不见花结实罢了。

我曾仔细观察过华北卫矛的花朵，五月花开盛期，万万千千的小碎花几乎覆盖了整棵树，细小力量汇集一处的分量感也给人震撼与感动。每一朵花都有四枚花瓣，花色介于白色淡黄与嫩绿之间，是巧手画工都难以调理的颜色，花朵有明亮的质感，每朵花都有四枚与花瓣同色的花蕊挑出，蕊丝顶端点一抹深紫，细看，久久看，看成一句深沉的赞叹：卫矛在认真开它的花，积极结它的果。之后我走开，把那一树树繁花让给嗡嗡嘤嘤的蜜蜂。这时一个问题浮现心间，卫矛为何开那么多花，结那么多果实，我问自己。但我想那些时时光顾树的蜜蜂与鸟儿可能更明确答案，校园里的卫矛们也自有答案吧。

即便早已看熟校园里的这些卫矛，但每次路过卫矛我都会停步，看树，总会想起在崆峒山初见卫矛树的那个下午，回忆起那在渐起暮色中撑在山之腰人之头顶的卫矛果实的无边红艳，心中重现新鲜的感动，无边的美意。

凤尾丝兰

我几番听见从思源湖边那几株凤尾丝兰旁经过的学子以“剑麻”之名呼之，甚至也有呼其铁树的，不觉哑然一笑。凤尾丝兰挺着它铁骨铮铮的叶片,确如侠士怀剑,难怪叫人联想到剑麻、铁树。我对凤尾丝兰最初的科普来自朋友圈，朋友家的小花园里种着凤尾丝兰，每年深秋凤尾丝兰开花的时候，常见她晒出图片，隔着手机屏幕，都能感受到她洋溢的赞叹与赞美。凤尾丝兰实在是美丽的植物，株型美，开花更美。不开花的时候凤尾丝兰也好看，叶片自带侠士气度，叶片窄、薄、尖、韧，叫人联想到干将莫邪的宝剑，每一片叶子都有自己的方向，绝无纷乱重叠处，巧妙地构成某种矩阵，像壮士舞剑，这时候的凤尾丝兰，是刚性的阳性的。

当我这样想的时候，一个女性形象忽现心头——公孙大娘。公孙大娘何人？七八岁的杜甫曾对她一见倾心，且记忆了半辈子，在老来回望时为她写下动人的诗篇，赞叹这位善舞剑的公孙大娘:“昔有佳人公孙氏,一舞剑器动四方。观者如山色沮丧,天地为之久低昂。霍如羿射九日落,矫如群帝骖龙翔。来如雷霆收震怒,罢如江海凝清光。”据说擅长草书的张旭,在看过公孙大娘跳《西河剑器》舞后,获得灵感与启示,从此书法更为豪放激扬,放荡不拘泥。如果要给凤尾丝兰一个女性的比拟者,那就是善舞剑的公孙大娘了吧。尤其凤尾丝兰开花的时候。

凤尾丝兰,顾名思义,有百鸟之王凤凰的神秘高贵,有花中君子兰花的清幽馨香,密集的剑形叶片浑圆一簇,又如凤凰舒展尾羽,花盛开时,颀长挺立的花柱如凤鸟低徊旁顾。开花时,凤尾丝兰的侠士气质忽然化作了绅士风度,一片片薄俏坚韧的叶片隐而不发地呵护着娇柔烂漫的凤尾丝兰花朵,凤尾丝兰高挑的圆锥花序上花朵繁密,充满沉甸甸的分量感,乳白色的花每朵都有六个被片,外缘染一抹紫红,花朵如铃铛似鸣钟垂悬,花口微扣,盛放期也如含苞般一派内敛,有淑女模样。深秋的思源湖波光潋滟,倒映着深秋树木的斑斓树影,空气中弥漫水汽,浮动凤尾丝兰清凌凌的花香气。

作为广受喜欢的鲜切花,凤尾丝兰的花朵在鲜花市场上的价格不菲,把如此高拔挺秀的凤尾丝兰花剪切回来做鲜花瓶插,在我看来就像是用宋代瓷瓶装醋一样不相宜。能配得上凤尾丝兰那份大方端庄与美丽的花器想来还是凤尾丝兰本身吧,凤尾丝兰坚硬密集的叶片一层层长在莲座般的株棵上，簇拥并托举出中心最出色的花枝，以其身供养其花，最般配，最相宜。硬要把凤尾丝兰巨大的花序剪切下来，搬离凤尾丝兰莲座般的基部，要下多大的狠心才能完成？

看凤尾丝兰花开与花落，却看不见分凤尾丝兰的种子，一棵能开上百朵花的凤尾丝兰为何结不出一粒种子，是何缘故？

凤尾丝兰属多年生灌木植物，原产于美洲东南部，在原产地，凤尾丝兰开花，也能结种子，种子成为繁育新的凤尾丝兰的新来源，但在引入地，凤尾丝兰年年开花，却不结种子。不是因为凤尾丝兰低垂微闭的花朵阻挡了蝴蝶、蜜蜂、飞鸟，甚至风来传播花粉促其授粉，事实是能为凤尾丝兰传播花粉的只有“丝兰蛾”，“丝兰蛾”会把凤尾丝兰的花粉抱走，从一朵花抱到另一朵未曾授粉的凤尾丝兰的雌蕊柱头上，而一旦这朵凤尾丝兰花授粉完成，植物就会传达出一种气息，让别的“丝兰蛾”不再光顾这朵花。从一棵凤尾丝兰到另一棵凤尾丝兰，从一朵花到另一朵花，“丝兰蛾”忙碌而纹丝不乱地完成着凤尾丝兰花粉的传播，随后“丝兰蛾”在已经授粉的雌蕊子房里产卵，孵化，以凤尾丝兰的胚珠为食物，凤尾丝兰种子成熟的时候，“丝兰蛾”幼虫也长成了，它们咬破果壁，落到地面，钻入泥土，等下一年凤尾丝兰再开花的时候，这些新生的“丝兰蛾”破茧而出，再次为凤尾丝兰续接传播花粉的使命。凤尾丝兰被引进来，但“丝兰蛾”不能飞越万里河山追随来，于是，我们见到的凤尾丝兰就只开花而不能结种子了。凤尾丝兰要结种子，须得人工干预，完成授粉。人工授粉后的凤尾丝兰开花结种子，种子也可加入新的繁衍队列。

大自然充满了奥秘与神奇，金丝凤尾丝兰除了靠种子繁殖外，也能靠扦插、分蘖繁殖。凤尾丝兰开花后，旁边自叶痕生发侧芽，侧芽可用于萌蘖繁殖。扦插法繁殖是于春夏交接之际，剪切一段茎秆，插入深土，浇足水，之后等待新株生成。

据说金丝凤尾丝兰的叶子可以造纸、造缆绳，想象一下那些经由凤尾丝兰转化成的纸用来印什么字包何种物品最好？如果允许假设，我愿意假设凤尾丝兰纤维做的缆绳能用于航海，那些缆绳牵系的巨大船帆引船远航，从地球的这个洲驶向另一个洲，一不小心，凤尾丝兰就回了原乡也说不准。

凤尾丝兰耐寒也耐热，耐旱也耐湿，喜阳也喜阴，终年常绿花亦美雅，广受园艺师们的青睐自然而然，即便置于散光环境的门厅也能长好，在室外更能旺盛地生长烂漫地开花，在公园、草坪、墙垣下、现代建筑旁，在石侧，在水岸，或丛植或孤植，都成别样风景。凤尾丝兰虽然叶尖如刺般尖利，但就像宠物会对主人收起尖牙一样，凤尾丝兰身上奇怪的具有某种提示性，似乎它伸展的叶片具有灵性，随时提醒靠近者注意它的刺，善意提醒来者要具备足够的小心以及保持适度距离感的必要，因此，凤尾丝兰置于庭院或室内，也能和人友好相处。也因此，有人偏喜欢把凤尾丝兰种植于临街的屋窗边，让怀剑藏玉的凤尾丝兰在那里天长日久，自在地绿它的叶，从容地开它的花，还能为屋子里的人长成一道好看又安心的美丽篱笆。

常被和剑麻混淆了的凤尾丝兰和剑麻到底区别在哪里，留心一下分别还是足够明显，凤尾丝兰属丝兰属，剑麻属龙舌兰属，本就是两种不同的植物。凤尾丝兰的叶片剑形，叶尖如刺，叶面有皱纹，叶边缘有丝状物质。剑麻叶片挺直，剑状，叶边缘有锯齿，叶片肉质厚表面凹，背面凸。凤尾丝兰的花朵钟形，下垂，白色，边缘紫色。剑麻的花序高出植株本身许多倍，花朵小，近黄色。

从湖畔的这些凤尾丝兰出发，格物致知，看见更广大的凤尾丝兰群，于是再见凤尾丝兰，自然能知其名，断其姓，何乐而不为。如果你是一个几何爱好者，那在思源湖畔的这些凤尾丝兰身上，你一定能看到囊括了点、线、面、长条、圆、椭圆、方块、菱形、正方形、长方形、矩形、柱状、伞状等几何形状。

凤尾丝兰的花语是“盛开的希望”，眼下，思源湖畔的凤尾丝兰花开正好，好好欣赏吧。

枫与槭

是一枚飘然坠落的鹅掌楸的黄叶预报了秋的降临，像雁阵飞过时赠予所经之地的一片鸟羽，报告来自高天的信息。不偏不倚，这枚神似黄马褂的叶子恰巧落在学生晾晒的被子上，似要温馨提醒：天凉加衣，多晒太阳勤晾被。

山明水净夜来霜，数树深红出浅黄。树们纷纷加入校园斑斓秋色的描摹，且看这黄，有来自紫薇树叶的黄、玉兰树叶的黄、木槿树叶的黄，更有大方豪气的银杏树叶和法国梧桐树叶重重叠叠明灿灿的黄，而绒毛白蜡树叶，更是黄得清透明亮，树树黄叶，树树不同。丁香黄中侵染了绿；木槿、玉兰，黄中杂着点褐；杏梅、榆叶梅，一半赭黄，一半青绿；银杏和法国梧桐，似要攒足了力气，一鼓作气抵达黄的顶峰。难怪人描述它们的黄叶时，要冠一“金”字。再说红，紫叶李自带基因里的红，春夏皆着紫衣，一着秋霜，真是叶赛花，红得发紫，紫红紫红的。逆着光看，一树太阳色。樱花树叶红得干练郑重，和春天樱花满枝时的素雅恰成对照，各美其美，早樱秋叶深红，晚樱秋叶偏黄。而把秋天的红提升不止一个度的，还要数枫与槭，它们红得耀眼，红得率性，这里一簇，那里一树，要看清校园枫与槭的种植与分布，深秋时节最相宜。而枫树与槭树，颜色相当，叶形相似，要清楚识辨它们，是需费些工夫的。

在很多人的意识中，对红叶的认知，习惯性归拢到枫那里，“停车坐爱枫林晚，霜叶红于二月花”么，古诗中红了千年的著名树叶，谁说不是枫叶呢，于是把秋叶之红统归于枫树之红。事实是，在很多时候，对于北方人秋赏红叶这件事，还真距离“枫红”远，而我们通常赏的多是黄栌的红。

秦岭诸峰，每到秋天，层林尽染，万山红遍，吸引人络绎不绝爬山赏红叶，看的多是这黄栌树叶儿红。黄栌也叫黄蜡、烟树，叶子蜡质，在秋霜秋风的侵染之下，有明艳的红，尤其天气晴好，千山万壑的黄栌着实惊艳。黄栌近年来在公园里多有种植，但深秋也是乌突突的红，无论叶片的蜡质感，还是红叶的着色强度，都没法和山里的黄蜡树叶红相比。

黄栌叶片在秋季变红，具“红叶”之名，却为何叫黄蜡？《本草拾遗》里说黄栌，叶圆木黄，可染黄色。黄栌树枝能染出黄色，可见黄栌之名来源于黄栌树的实用性。黄栌是落叶灌木，圆锥花序，四五月开花，团团花序如烟似雾，迷蒙一片，于是又叫“烟树”。而真正的枫叶红，在秦岭山中，几乎是大海里捞针般难寻，因为古诗中的枫树是指枫香树，枫香树喜温阳，秦岭淮河以南才是它们的生长地，被我们呼作枫的身边树，其实是槭，秋天赏红叶，我们赏的多是槭树叶儿红。

比照关于槭的科普词条，我遍寻校园的诸多槭树，这里一树红那边红一树，细察，一一比照与对应，在停车场边、学术中心楼前、思源湖畔、图书馆旁，槭站在那里就是最醒目的存在。有元宝槭、羽毛槭、三角槭、五角槭、鸡爪槭……刷新我对枫与槭的认知。

三角枫、五角枫、元宝枫，这几种我们常冠名“枫”的树，植物学名叫三角槭、五角槭、元宝槭，都属于槭树家族。槭树家族有二百多种，树姿婆娑、叶型丰富，色彩绚丽，在世界范围都是有名的观赏树种。如何区分它们呢?

三角槭（三角枫）形似鹅掌，叶片三裂，叶裂浅，叶裂片三角形，边缘略带锯齿，叶略厚，叶尖可以凝露般短而渐尖。五角槭（五角枫）叶片五裂，叶裂卵状或三角形，裂深近叶片中部，叶尖渐尖或长尖，基部是心形。元宝槭也叫平基槭（元宝枫），每一个名字的得来都携带着它身上的某个特征，比如元宝槭的翅果像古时的金元宝，于是叫元宝槭，同一植物又叫平基槭，是因为它叶片的基部平直，几乎呈一直线。元宝槭是我国特有的槭树种，叶片也是五裂，和五角槭的区别就从叶片基部的这一特征做判断,元宝槭平直,五角槭呈心形。至于鸡爪槭，也叫七角枫，只因叶裂形似鸡爪而得此名，但鸡爪远没有鸡爪槭的裂片多，鸡爪槭叶片有七裂，叶裂深长，近卵形或披针形，叶顶端尖，边缘有锯齿。

叫红枫的又是什么植物呢？红枫也叫红鸡爪槭、紫红鸡爪槭，一棵棵树看过去，真的是有些树红有些树紫，红枫是鸡爪槭的园艺品种，红枫叶裂更深，几乎达到基部，这是红枫叶子最鲜明的特征。若把时间线放长观察，会发现红枫春夏秋三季都是红色的，鸡爪槭春夏两季却是绿色的，只是节气到了深秋才慢慢变红。

知道这些，就明白思源湖畔，那放眼望去大体相似的槭树们，为何有些树在炎炎夏日一派火红，似乎早早染了秋霜，而比邻的另外一些猛一看基本没区别的槭树却仍披一身盎然的绿意了。还有叶片柔细如鸟羽的羽毛槭（羽毛枫），也是鸡爪槭的园艺品种，叶片如掌，裂深深深直达基部，枝条柔韧低垂，和别的品种对照着看，当能了然于心。

但是被我们称为“枫”的树，那在唐诗里热烈似火又冷如寒霜，既寄托爱悦也托付愁思的“枫”，也实在该探个究竟。

“停车坐爱枫林晚，霜叶红于二月花”“浔阳江头夜送客，枫叶荻花秋瑟瑟”“玉露凋伤枫树林，巫山巫峡气萧森”“月落乌啼霜满天，江枫渔火对愁眠”……活在杜牧、白居易、杜甫、张继诗中的“枫”到底是哪一种树？据说此枫为枫香树，秋天叶子也是一派烂漫的红。枫香树和槭树是不同的两个树种，槭树属于槭树科，枫香树属于金缕梅科，它毛茸茸圆球状的果序是一味中药，有疏通身体胀气的能力，所以也叫“路路通”。枫香树树枝里有香味，这也是枫香名字的由来。

枫香树的叶子也是三裂，很像三角槭，但和三角槭的果实显著不同，三角槭是翅果，成熟时候像能飞的蜻蜓，枫香树的果实像带着软刺的小煤球。枫香树还是高大的乔木，上百岁的枫香树是几人合抱的粗，三角槭和枫香树比，身形就是玲珑而秀珍了。

徜徉缤纷的校园秋色，在一棵棵红叶树下停驻，观察，准有新的发现、新的惊喜。霜林独坐，红叶纷纷堕。这是校园清朗的秋天里最迷人的时候。

春光催人，秋色亦然，春日红花、秋日红叶都是美好的事物，美好的事情总是稍纵即逝，感时光匆匆，叹岁月如梭，天凉好个秋也罢，秋日胜春朝也罢，大自然永在它恒常的秩序里。

芒

湖畔有两丛芒，我每回看见，都想到当初校园园林绿化布置时，可能想拿这芒来聊备一格。别说这几丛芒于植被茂密大树参天的偌大校园，就是环思源湖一周，两丛芒的存在也是微不足道吧，但事实是，芒长在那里，叫湖的那一方，有了别致的韵味与美感，用《本草子》里的话说，这芒与湖，是“相配的事”。湖与芒，芒与石、与红色的廊桥以及桥上往复的莘莘学子，俱美。近看，远观，回望芒之水中倒影，常觉这芒之有情。春日，芒在生发，枯凋寂寂的芒根眨眼冒出新绿，似乎一夜新长，但你又确信那一丛茂盛的新芽，不会于一夜间长出，其涌动着的新生的力量，叫观察者惊叹，赞叹所谓春发生，完全能用一丛芒的生长说清楚。之后，在观察者短暂的遗忘之后，芒用快速的旺长把关于时光、关于季节、关于风雨雷电霜露雾的所有信息都聚集到自身那细韧如丝的一根根草叶上，丝丝缕缕，清清爽爽，干干净净。芒草是香的，只是其香极清极淡，清淡到了无痕迹，就像人赞美最好最清洁的水，会说真水无香一样，芒草散发的就是真水的气息。

芒的气息迷人，姿态更动人。作为多年生草本植物，寒冬的枯萎与沉寂之后，总会于来年春天原地冒出新绿，叫人联想死而复生、睡而复醒，但这些词给芒似乎都不合适，芒欣欣然的样子超越“我倦欲眠卿自去,明朝有意抱琴来”的洒脱与达观，只是人的朝暮在芒的度量里，是年与岁而已。

“阳春布德泽”，芒蓬勃的新叶迅速覆盖了旧年的枯索，又一丛勃勃新芒生成，宣示新生的强大力量。湖中红鱼游弋，树上鸟鸣清脆，思源湖一派春晖，新生的芒眨眼挑高到极限，葳蕤自生辉。现在,无论你从湖的哪个方向来,在任何一个角度看，都能发现茂盛新芒的美丽。当然，擦肩而过，视而不见也是经常的，因为整个校园进入到繁花掩映的季节，百花竞秀，此花开过彼花开，但芒却在攒足自己的能量，每一根细韧的芒丝都流布着能量，从根到尖，蓬勃柔韧的一大团绿。

看芒，不觉想到汉字的美与神奇，想到前人在为此植物命名时,一定是经过长久的观察、判断与抉择吧。观察过芒的生发、生长以及开花结籽，根据植物特性，反复掂量思考之后，在诸多的汉字中甄别选择，最终以“芒”来为它命名。你看呀，芒有细长的叶子，很像某些禾类植物，成熟时候有籽实，籽也有外壳。芒的叶子成熟后熠熠生辉，自带光芒。芒是锐利的，太阳是有芒的，于是我们赞美太阳光芒万丈，明月也是有芒的，人可以月下借光读书。一个人出众耀眼有魅力，我们夸这个人光芒四射；一个人不掩饰自己的锐气才华和能力，我们也说得温婉——锋芒毕露；一个局促不自在的人，我们说这人如芒在背。

一些美好的植物也是有芒的，比如养活了地球上亿万人的麦子和稻子是有芒的，比如有“热带果王”之称的芒果也是名字里带芒的。而芒，它更直接，名字里只具一个芒字。有人叹息，芒毕竟太平凡，不如蒹葭，可以入《诗经》，“蒹葭苍苍，白露为霜。”不如蒲，可以入乐府诗，“蒲草韧如丝，磐石无转移。”芒啊，还是太朴素，充溢植物香气的《诗经》里有蒹葭、荷花、荇菜，却没有芒，迷恋香草的屈子也没有写芒。但也不一定吧，用芒编织的散发新芒气息的鞋子穿在采诗官奔走不歇的脚上吧，芒用自己的温热柔韧带着他涉水越涧，爬坡过沟，出一个村又入一个村，采诗复采诗。屈子行吟江畔，感动芒落下一滴滴清泪般的珠露，每一滴都饱含深沉的挽留意。

芒生来多情又洋溢生命力，二十四节气里的芒种是夏季的第三个节气，芒种节气到来，夏季进入第三个节气，仲夏开始。此时，校园内绚丽的春花渐近尾声，浓淡相宜重重叠叠的绿成为夏日校园的主色调，芒草间看见初生的小螳螂，思源湖上蜻蜓点点，即将迎来蛙鸣虫唱的盛夏景象。生长是这个季节的生命状态，生命壮大，第一批果实成熟，枇杷黄了，樱桃红了，杏李香甜。白鹿原上带芒的小麦眼看就要收割了，南山边上，带芒的水稻正在插秧,太阳一日日增加着火力,思源湖边的芒叶，更加炽烈地反射着太阳的光芒与热焰。

或许某一天，湖边的芒再次被瞩目。此刻，芒的每一根细叶都缀满珍珠般的密密露珠，每一颗珠露都明亮闪烁，清晰地映现出周遭世界，或湖光，或树影，或云色，或刚刚走过去的学子们的身影，千千颗珠子，千千个影像，白露已过，节气在一丛芒的叶子上完成最实诚准确的表达。之后寒露，之后霜降，之后小雪，青青的芒此时已然白絮飘然。

校园里寻觅，发现除了思源湖畔的这几丛晨光芒，金石广场边的高台上也种着几大丛细叶芒，芒花酷似，唯有叶子在宽窄上有些微分别，顾名思义，晨光芒如晨光闪耀，细叶芒叶子略比晨光芒宽点儿。另有花叶芒、棕叶芒，从名字即能猜中它们的某些特征。

风来，芒低低俯身，像是恭迎风来；风过，芒挺身而立，像是远眺为风送行。风来风去，芒花呼应风吹，呼呼有声，喧嚣间又忽然静止，充满对一岁草木生命的沉思与礼赞：芒花柔，芒花轻，芒花自有情。

芒、芦苇、蒲、荻，这些美丽的多年生草本植物都在深秋到初冬开花，以似雪非雪、似花非花的诗意动人，外形相似，但细看区别也明显。芦苇秆高，直立，叶片宽厚，花穗圆锥形，花淡淡的黄色，河湖池塘湿地都能生长。芒叶子窄而长，花穗白色，在平地、山坡、湖边都能生长。荻的叶子宽于芒而窄于芦苇，花序成簇舒展成伞状。蒲直立，叶子光滑细韧，可编席，蒲生长在水域或沼泽，水边人家喜采食蒲鲜嫩的块状根，香蒲棒如蜡烛挺秀，临水照耀，很是神奇。

我在南山边的友人那里闻过用蒲棒做成的燃香，气息美好，略带药香气。我也曾在渭河边采了一把蒲棒回来当插花，蒲棒插在陶罐里，某个阳光照耀的午后，那些熟透干透的蒲棒自行啪啪爆开，放出一缕缕如烟如雾的白色种子，真是叫我吃一惊，又一乐，再一叹。

鹅掌楸

深秋的一个下午，漫步校园，一枚硕大的树叶翩然坠下，擦耳而过，栖落脚前。我低头，看见那片树叶如大鹅伏地，捡起尚绿的叶子，抬头，见一树和我手中落叶相似的叶片翩然舞动。蓝天深碧如海，我缘着那一树鸣响的树叶延伸视线，确信我正置身于一排高茂的鹅掌楸树下，瞬间被深深打动。

从春天开始，我就在校园遍寻鹅掌楸的身影。在行政楼旁，我撵上那棵鹅掌楸春天最后的花；在鸿雁餐厅门前，我发现一排幼小的鹅掌楸，确信小树还未到开花季；甚至某个傍晚，我在晚霞的剪影中，看见图书馆门前也有两棵鹅掌楸树，但春天显然和眼前这一排挺秀的鹅掌楸见而未识。现在，经由这枚信使般的鹅掌楸树叶，我发现学生宿舍一至十号楼前后，遍种着鹅掌楸。我仰望那些探身近四五楼窗口的鹅掌楸树，叹羡住在这几栋宿舍里的学生，凭窗凝眸，即能看清鹅掌楸如何生发萌叶，如何开花结果，如何在时光轮转四季更替中把一枚枚叶子镀金染黄。于是向几位正出入宿舍大门的学子问可否在春天的宿舍窗前看清鹅掌楸开花，他们的答案一致：他们是今秋刚入校的新生，还没机会看到。问答间，我们都忍不住笑了，但他们又说，等春天鹅掌楸开花的时候，一定认真看，看仔细。

我把那枚引领我发现鹅掌楸的叶子带回，一边想，这些时时从树下过的时刻为何相遇而未曾识得？固然校园树木众多，这些巨大的鹅掌楸比邻梧桐，加上二者几乎同一时节发绿添黄，打眼一看，我混淆了它们，或者，这些鹅掌楸太高大，高出目力之外，但此刻的发现却是崭新的，激动人心的。

校园的春天是被繁花掩映的春天，天空一半让给花树，一半让给丽云，春花迷人眼，叫赏花人常有目不暇接之叹。冬去春来，雪融冰消，蜡梅还不及谢幕，春梅就已盛放，接着樱花、玉兰、红叶李比肩登场，樱花有早樱、晚樱，玉兰有二乔、辛夷，更有连翘、海棠、碧桃、榆叶梅们，把校园的春天肆意装扮，真正一个春意闹。

进入四月，鹅掌楸开花了，花被高拔颀长的树托举向天，树下仰望的人踮脚张望，却仍是咫尺天涯遥不可及。树下盘桓，总算在行政楼旁的那棵鹅掌楸树上，凭借相机的长焦把几朵鹅掌楸的花拉到近前看仔细，只见黄绿相间的花朵单生于枝顶，每朵花有九片花被片，花被片排成三轮，最外侧花萼片状，三片，向外弯垂，淡绿色，内侧六片花直立，逐层交错叠合，花基部黄色,带有黄色的纵条纹,整朵花如精致的莲瓣小“碗”,猛一看，似开在树上的一朵朵郁金香。鹅掌楸属木兰科，花朵有木兰科植物的显著特点，端庄、古雅、有禅意。四月到五月，行政楼前那棵高大鹅掌楸把一盏盏花朵擎上高枝，在满树繁密的绿叶间若隐若现，幽然又美丽，是校园春色中独特明丽的一抹色彩。

鹅掌楸是来自远古的植物，在地球上生长过亿万年之久，和银杏、珙桐、水杉一样，属于古老的孑遗植物，被称为“活化石”，地球上仅存两种鹅掌楸——中国鹅掌楸和北美鹅掌楸。中国鹅掌楸的叶子形似鹅掌，更似中国传统服装马褂，所以又称马褂木，叶子金黄色的时候就是一树飘扬的黄马褂，北美鹅掌楸的叶子只在“袖口”处多一裂。北美鹅掌楸花朵的中央是带状的雄蕊和浅绿色的雌蕊柱，雌蕊柱发育成未来的聚合翅果，成熟翅果像层叠的小刀片围绕中轴罗列。中国鹅掌楸和北美鹅掌楸隔山隔海不曾见面，直到二十世纪六十年代，北美鹅掌楸引入中国，中国育种专家把中国鹅掌楸和北美鹅掌楸成功“联姻”，于是就有了兼顾两者优秀基因的第三种鹅掌楸——杂交鹅掌楸。杂交鹅掌楸两种叶形兼有，一棵树上，有标准的马褂形叶片，也有“袖口”多一裂更像大鹅的叶子，要整棵树完整对比才能准确区分。鹅掌楸是濒危植物，现在园林绿化和道路边常见的鹅掌楸都是人工扦插分株培育而成。明白这些，我们在校园观赏如此众多的鹅掌楸花朵与叶子，体察它们的美丽时，会不会多一份庄重与肃穆呢？

秋风把鹅掌楸的叶子吹黄，变成了名副其实的黄马褂，遇见天气晴好，树叶透出纯净的黄，真像是挂着一树灿烂的薄金片，稍有风来，叶片纷纷飘落，一刹那的惊艳动人。鹅掌楸秋天的树子别致，春天的花朵也耐看，一棵树上，春赏花秋看叶，于是鹅掌楸被人赞叹为是一棵能够“春看郁金香，秋看黄马褂”的神奇的树。

春花凋谢之后，鹅掌楸结果，果实由淡绿转黄褐色，直到深秋成熟。水落石出，叶落而果实显现，春天开在绿叶之间很难看清的花朵此时在叶子凋落后显露出来，竟也是满枝的果实。果实为聚合果，由数十枚片状的翅果螺旋绕中轴排列而成，宝塔状，也像小型的纺锤，俏立于枝头，果实熟透，稍有风吹，或是鸟儿惊动，聚合果开裂，释放出种子，每颗种子都带着一枚弧形小翅膀，如直升机旋翼般旋转而下。种子飞去后，再留一个如烛台的果托，落尽了树叶的鹅掌楸树上，有成百上千个如此的盏托，直到下一个春天新叶长出。

再看鹅掌楸四散满地的种子，很像人嗑完瓜子后的葵花子壳，但它们不是空的壳，而是一枚枚带翅膀的种子。当它们从树上落下时，凭借一点点外力，就能旋转，升腾，去往新的生发地,如果有能识辨其中奥妙的非凡听力,或许能听见它们的“马达响”，能听见它们“翅膀扇动”的声音，也能听清它们落地的那一声“呐喊”。朗朗初冬的晴日，成熟的鹅掌楸果子时时架起“螺旋桨”起飞，寂静而无限空远的午后，它们奋力飞升的样子活泼动人。

自从看清北区学生宿舍这一带如此众多的鹅掌楸树，我时时绕行于此，看树上叶子由绿转黄，由淡黄到金黄，之后叶子大面积飘落，直到树上密集的果实成熟，直到种子起飞远行，无形的时间在此有了形状，有了可供追忆与把握确切的细节。常想，年复一年，总有新生入校，总有毕业的学子面临离校，此去，却也不知道再见于何时何地，如果细算，一个完整的大学时代也不过四年，满着算，只能看四次鹅掌楸的花开，四次鹅掌楸的种子成熟。也因此，这看似平常的每一次观看，如此寻常又不寻常。我正踌躇树下，两位女生与我擦肩而过，她们谈论的是毕业后的就业，只听一位说，她毕业后的第一理想是当老师，当不成老师也不要紧，她还想开个面包房，每天都能闻到新烤面包的鲜香气，也不错。

两位女学生走远，说话声渐微弱，我立在原地，看见一枚又一枚鹅掌楸的种子旋转飞腾，倍觉心情美好。

冬

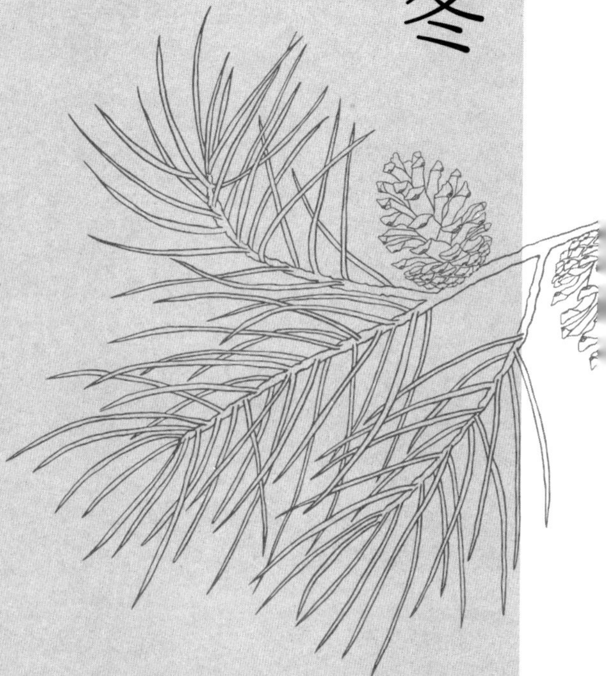

草木为师

思源之冬

说思源校园的冬天，当然得说雪。今年冬天，雪下了好几场。下雪的冬天才像冬天嘛。

头场雪在立冬后。周末一大早，我想象第一个掀开窗帘把“下雪了”的喜悦传递给同寝室睡意迷蒙中的人的情态，觉得所有人，大人、孩子和狗，在对待下雪这件事情上都会面露喜色吧。头场雪虽匆匆来去，但够学子们堆一操场的雪人。此后天放晴，阳光明艳地照耀，碧蓝天空下，我看见那些雪人硬是在太阳下撑过了好几天，“到底是学生堆的雪人，身板结实。”直至一周后，那些雪人彻底面容模糊，身材走样，叫人印象深刻。

第三场雪在大寒前。纸上的“鹅毛大雪”落在了现实中，园中树枝迅速变白。大雪覆盖的校园雪松含腊意，湖水动冰声，蜡梅花披雪，香气格外幽然，这白雪蜡梅，最是相宜般配。雪花穿楼宇过树林，让校园寂静又充满喧响。前一天学生就已经放假，若这场雪早一天到，此刻这琼花飞白的景象，有学生参与将是何等的热闹欢欣。蜡梅的香气散在校园的各个角落，用香气填满每一处的空静。午后雪停，我一个人独自在校园漫步，心怀对周围一切的爱意，在湖畔、在林间小道上走，在一栋长满蜡梅花树的楼下伫立，沐在蜡梅四溢的香气中，在空净的木凳上独坐。我体验到一种纯然的静与净，以及圆满。

这样的时刻当然适合读唐诗宋词里那些应景的句子，适合读卢梭和佩索阿,而我选择什么都不做,让自身成为庄子《秋水》中的一滴水。积雪从树梢上落下来，鸟鸣几声，一阵风吹响雪松发出的声息，忽觉那就是词语到不了的地方，但是偏偏又想起一句:“此中有真意，欲辨已忘言。”

思源湖水在冰层下寂然无声，湖岸上，芦苇在雪的覆压下低伏着身子，像是思考着什么，或许，芦苇也有思想，人未必知道。想起芦苇的另一个名字——蒹葭，就觉得这同一株植物，叫蒹葭的芦苇应该属于初秋，而叫芦苇的蒹葭才属于漫天飞舞着鹅毛大雪的隆冬。蒹葭苍苍，芦苇金黄，芦苇韧如丝，来年春天草木萌动，此时枯索的芦苇又萌生出鲜绿的一丛，已非往年，却看不出有何大不同，一株芦苇，似乎可以世世代代无穷已。雪松俨然是思想者，雪松伟岸沉稳，连最活泼的鸟雀在雪松的树冠中飞进飞出时，也只能带起一丝丝的风，风转瞬消逝，雪松静默，不表露情绪。棕榈像独钓寒江雪的渔翁，哪怕棕榈站在墙边，遇见白雪的大氅披身时，立即能自圈出一片小小的静寂，独立，洁白，安静，自洽。

趁着冬天的几场雪，几场风，树得以删繁就简，银杏卸光所有果实和叶子，轻简到极处，蓝莹莹的天空下，银杏的枝条舒展着，梦幻一般。

灰喜鹊频繁光顾的是楝树。楝树用铃铛般的果实招待喜鹊，喜鹊吃饱，回报楝树一树喳喳鸟鸣，喜鹊飞离，一弯新月升起在栾树顶，树与鸟与月，刹那间促成一句诗：月明楝树顶，归巢喜鹊，影子印在月亮边上。

南天竹在幽微处显精神，从白雪下撑起嫣红的宝珠般的红果子。寒冬凛冽，南天竹火红的果实日趋丰满，不畏寒冷的样子叫人重新诠释寒冷的概念。

还有什么在凛冬集结着力量?

“岁寒然后知松柏之后凋。”倘若秋天你仔细看过雪松开花，看过圆柏带着奇妙犄角的饱满小果实，此刻那些果实的丰盈一定叫人赞叹，或许最不辜负时间，时间也不辜负努力的，是树。雪松的果球已然和上一个月样貌不同，白皮松绘制着毕加索风格的图画，欣赏白皮松的画作，大有奥妙，人能想到的图案，白皮松都做出来了。

思源湖中的枯荷在冬日颇有禅意，荷以枯萎以凝冻姿态展露另一重“亭亭玉立”，静默与凝然大有意趣。

龙爪槐的枝干如黑铁，伸向天空，即便不留一片叶子，也绝无可能叫人怀疑它的遒劲和生命力，雪中的龙爪槐有恣意流畅的线条，大概连最高明的书法家画家也不可能视而不见吧。无论晴明还是星辉下，无论蓝天做背景还是明月朗照，龙爪槐用枝柯做线条，用风霜雪皴染，用鸟鸣声铺垫色调，在寂寞中坚持，在沉默中积蓄能量，当春天的信使一到，勃然以一树新绿报春。

结香又叫雪里开。结香的每个花苞，都像用慧心妙手结成，一丝不苟，分毫不乱，从小小的一枚花骨朵，一点点慢慢生长、伸展，时间过去了一个月两个月，直到某一天一个个细小的花蕊由外向内打开，一团又一团，团团圆圆，为结为香，不由人想到绽放两个字。此时，或者西风紧，或者冰雪将融，都无妨于花之绽放，而乍暖的正午，会有嗡嗡鸣叫的蜜蜂飞来采食花蜜，叫人一瞬间生出是冬还是春的恍惚感。倘若细数花朵积累绽放能量的日子，结香的开放岂不也非一日之功夫。

小寒大寒，百草伏地，冰层深坚，但玉兰的冬芽早已挺立枝上，娇嫩的花蕾被芽鳞裹得严实，在细致紧密的包裹中，一朵朵玉兰花几乎已经完整地形成，有花瓣，有花蕊，什么都有了，但此时的玉兰，仍然在藏与隐中暗暗积蓄力量。算一算，距离玉兰盛放还有两个月，如此想，这为迎接开放的努力时光算得上漫漫。属于春天的玉兰花，在冬天的努力一点不逊色春天的绽放，阳光晴好，玉兰的芽苞在枝条上闪烁，一点不在意北风的呼啸，如寒星，亮晶晶，花骨朵毛茸茸，凌空挺立，很像是学子手中的新笔。时序到了，春天来了，风吹玉兰，花开南窗，一树的芳华，一树的香气与蜜。这一瞬，世界被这有玉有兰的玉兰花打动。

冬藏、冬之储备与厚积而发的意义在校园的花木匠那里更为了然。他们在冬至日给树木打杈斫枝，在大寒节气翻松空地，因为有了这提早的准备，当树木泥土醒来，每一寸的生长都是修正扶持后的路径，让树木的努力都不枉费，而冷冻后又储备足了雨雪水的土地更为松软，一切冬天的准备，只为春的发生。大道理却原来都蕴含在朴素的不动声色的行动之中。

大寒，二十四节气的最后一个节气，顾名思义，大寒谓之极寒，此后十五天，节气又将循序到立春。“从此雪消风自软，梅花合让柳条新。”“冬至数九”，此刻已然是七九、八九了，七九河开，八九燕来，七九八九，沿河看柳。冬将去，春又来。而校园又迎来一个开学季，为迎接新学年返校的学生，各项工作早已做好，道路洒扫停当，食堂开了，图书馆开了，教职员工、行政人员已先于学生到岗。夜灯光明。又是新一年，欢迎归来。

蜡　梅

姜丽说，校园里的蜡梅花你也要写一写。因为蜡梅树多，因为蜡梅花香。蜡梅从十二月开花，开到放寒假，开到正月寒假收，开到春阳明媚，这花开得最是长情。三年疫情期间，校园几度封控，禁足宿舍的日子，静寂的校园，只有蜡梅花无拘无谨，把花香慷慨送来，叫限于斗室里的人，心胸向外扩展了好几里地。花香如使者，传递给人大自然的能量与信息，提醒人远瞻，爱大自然，怀想和山川河流、阳光雨露亲近的好日子。使人有勇气，有希望。叫人知道珍惜，懂得惜福。“不能堂食，有一天，我一个人去食堂给全宿舍人带饭回来，路过一树盛开的蜡梅，折一枝回来做插花，花香让整个宿舍的人欢腾。花带给人的喜悦延续了好几天。”“所以，校园里的蜡梅，是和我记忆紧密的花。”“你要写一写蜡梅花。”姜丽去年毕业了。她看过的蜡梅花今年香如故。

就算眼尖视力好，确认蜡梅花开，多不来自看，而是仰赖嗅。在校园里走着,猛不丁地,就闻见一缕极有提醒意味的香气,四顾，耐心寻找，就看见蜡梅花开枝头。蜡梅花开了，心里还是会惊诧一下：时光流转真是迅疾，季节又到蜡梅开花的时候了。

蜡梅花开，在冬至前两日。此时雪已下过两场，灌木林中此刻仍有未曾融尽的白雪，冷如薄刃掠过鼻翼，给人呼吸以轻微的痛感。蜡梅零星开，初放的花带着欣欣然的表情，如凝蜡冻脂，如星明，如金灿，在花蕾密密的灰色枝条上，早开的花朵充满探路者的勇毅和灵动。此后天越发凛冽,太阳明艳,却冷,只有蜡梅绽放，明灿灿，如小小的光源，使校园日渐沉浸在蜡梅的香气中。

很难准确形容蜡梅的香，如果香气有形状，那蜡梅香不是稳定在空气里浓郁的一团，也不是恬淡的一片，蜡梅的香气有棱角，又自带冷意。诗人形容蜡梅花香，多用暗香形容，正是说蜡梅花香隐幽，你靠近花时，反倒不觉得花香气浓烈，你与花枝疏离却逢花气来袭，劈面碰上，碰到鼻尖上，常碰出心底的一声“呀”。此刻，人只需舒张肺腑，尽力逮住，逮住了，感动如雪花停在掌心的这一霎。

《本草纲目》说蜡梅，“此物本非梅类，因其与梅同时，香又相近，色似蜜蜡，故得此名。”而蜡梅这个蜡字，又常被写作腊，蜡梅？腊梅？是笔误？还是本就是两种不同的花？追寻答案，找到关于蜡梅之“蜡”的记载，《礼记》中说，农历十二月，称之为蜡月。蜡梅开花，正是蜡月光景，所以名之“蜡梅”。秦代蜡梅之“蜡”改为腊，于是，才有了蜡梅、腊梅之说。

蜡是形容蜡梅的花质，“冷艳清香受雪知，雨中谁把蜡为衣”（谢翱）。“破苍如凝蜡，粘枝似滴酥”（白玉蟾）。都是着意蜡梅蜡之质感。而写蜡梅的香，有“蔷薇露下色，山麝晚来香”（叶颙）句，说蜡梅的香似麝香。“天工戏剪百花房，夺尽人工更有香”（黄庭坚）是说蜡梅的香气啊，是如此之特别。“一花香十里，更值满枝开”（陈与义）是说蜡梅花的香气能够飘到很远很远的地方。读这些句子，我依然觉得一样的蜡梅花，在不同的人那里，其香皆难准确描述。至于写蜡梅姿态，要数叶颙“恍疑菩萨面，初以粉金涂”的形容最厚朴大方。菩萨面，粉金涂，真是形容蜡梅姿态再妙不过的句子了。

我曾给因梅花之盛命名“梅州”的梅州朋友发去校园蜡梅开花的照片，我说，你看我们的黄梅，和你们的白梅、红梅比，谁美？朋友当即纠正我梅州的梅花中有白梅、粉梅甚至绿色的梅花，就是没有黄梅花。

当然没有黄色的梅花，但蜡梅可称黄梅花。这像一句绕口令。也是读《本草纲目》：“蜡梅，释名黄梅花。”《本草纲目》

说蜡梅花解暑生津，开胃散郁，解毒生肌，理气止咳。可解暑热，可治头晕胸闷以及咳嗽。我曾喝过某个花茶，说其中的花香来自蜡梅花而非茉莉花。听主人耐心讲解杯中茶，只觉手中端着的不是一杯茶，倒像是端着一首唐诗，等可以喝茶时，茶已温暾，至今想起仍觉遗憾。

虽说蜡梅原产我国中部秦岭一带，但我在南京看见蜡梅花，觉得比陕西的蜡梅开得恣意舒放，大概南京的温度湿度更滋养蜡梅花的缘故吧，不像陕西的蜡梅花，如果花开时恰遇天太干太旱太冷，盛开的蜡梅花瓣边缘，常见微微的蜷缩与枯凋，像嫩手上的皴裂纹。开在南方的蜡梅花，就像南方土地上的女子，和北方女子的美略有不同。梅花盛开的时节，南京满城都是蜡梅的香，某天乘公交，中途见一女子抱一大抱蜡梅花上车，“像是把半棵蜡梅花树抱着走。”花枝几乎要顶在车厢顶，大概出于对蜡梅树的怜惜，车上的人并不感激一车流荡的香气，反而冷淡与侧目抱花人。女子明显觉察到冷漠与敌意，聪明如她，并不看任何一个人，却要人人听见她的话语，她大声解释说：“朋友送的花，朋友今天修剪蜡梅树，朋友的蜡梅树快顶破瓦檐了。”一声声的，以期取得同路人的知情与谅解。

蜡梅属于灌木，但这位女子所说的朋友家的梅花显然是庞然大树。这样的蜡梅花树我也曾在某寺院里见过，某次，转过寺院墙角，见一棵老蜡梅正开花，花枝高过寺墙，探花墙外，惹人驻足。仰头的一瞬,风吹雪花纷纷,霎时寺中钟磬之声齐响，到了寺中晚课的时间，等待不如巧遇，刹那间，真有天地人定格一瞬的感动。某年兴庆公园里的大片蜡梅开了，朋友相约探梅，一脚踏入梅林，万朵蜡梅竞秀吐芳，如锦如绣，站在花树下，如置身锦绣堆中，像读大自然最美妙的情书一般沉醉。

山坡，村庄，溪流边，冬天总见蜡梅花树点缀风景，蜡梅开在哪儿都相宜都相配。在冰天雪地中,蜡梅花充满生命力的美，把诗情，把生活的暖意提醒。相宜美好的，还有校园里的蜡梅花，校园里的蜡梅花树也高，长在平旷处是微缩版的梅林，依傍在建筑物旁，如墙角、檐下的蜡梅花树，挺直的枝干最爱青空，斜逸的枝条衬在一截粉墙上，随看花人的镜头取舍，自成画框。爱花的女生，在蜡梅开放的时节，特意着一身古装，站在花树下拍照，顾盼之间，很有一番宋词的写意。

我在校园里探梅归来，带几片蜡梅花萼，放在书桌上，给书香添些花香。人工嫁接栽培的蜡梅品样丰富,全黄花蕊的“素心梅”，檀色花蕊的“檀香梅”，花口收束的“金盏梅”，留心看，校园里都有。

如果选一样属于冬天的花，那一定蜡梅花居首。因为开在寒冬腊月，凌寒、傲雪常用来比拟蜡梅，开在寒冬，自然就有无畏、风骨、健康、旺盛这样的美好寓意。

从十二月开花算起，校园里的蜡梅次第开进新年。开过小寒，开过大寒，冷风呼啸的时候蜡梅在开花，迎新年的烟花盛放在高天的时候蜡梅在开花，立春的迎春花在旧年的落叶上绽放第一朵黄艳的时候蜡梅仍在开花，香气幽深清远，只要开放，隔墙绕树，香远益芬。

大寒是一年中最后的一个节气。此时虽说白雪皑皑，毕竟立春不远。雪松青青，蜡梅含金，草木枯槁，风吹又生。花不惧寒，人亦感动。天地人，花草树，世间万物，各得其所。

学医护的吴同学说蜡梅花是北方冬天唯一露地的花，想起这句话的时候我看见蜡梅边上一棵枇杷正繁花压枝，于是我回复吴同学：蜡梅开花时，枇杷花以香呼应。是的，当蜡梅在最凛冽的寒气里释放春将到来的消息的时候，边上的一株枇杷悄然以满树的花香呼应。枇杷本属南方物种，但这些年，在西安越来越多看见枇杷树，移栽的枇杷树照样开花结果，果实丰硕，味道也近似南产枇杷，吃着那样的枇杷，纠正我“枇杷南方物种”的成见。

而此刻花开累累的枇杷距离果实成熟还有大半年光景，枇杷成熟当在盛夏，那时节麦子金黄，麦鸟紧叫，我吃枇杷的记忆总是和那样的自然场景对应，《群芳谱》说枇杷，“秋萌，冬花，春实，夏熟，备四时之气。”由此，枇杷被称为四时果也就不难理解了。

看蜡梅联想到枇杷，除了这两样植物都在北方的寒冬里开花外，就是它们的香气极近似，蜡梅花、枇杷花的香气都带着点冷意和清苦气，蜡梅香气冷烈，而枇杷冷冷的香气里暗含着一丝蜜意。

蜡梅、枇杷的花开在白雪与冰凌之下，但没人能忽略那含在花姿与花意中的微微的春的消息。

雪　松

校园中最高茂、丰美、数量巨大的树，是雪松吧。每一次驻足在雪松下，仰望那绿云般的树冠，都会心生如此慨叹。能否数一数校园中的雪松？无数次的心动之后我开始行动，就从青教楼2号楼南窗外的六棵雪松开始，向外记录每一棵看到的雪松，直到思源湖边。我被头顶航拍器的嗡鸣声吸引。正有航拍器从思源湖岸起飞，攀升，把更宽阔的视域纳入镜头——从那个高度俯瞰，会有许多的雪松，把它的灰绿色，嵌在银杏的金黄、梧桐的赭黄、未曾凋尽叶子的樱树的红黄之上，更加映衬得湖水蓝明如宝石。那样的高度，更可俯瞰建筑与林木与道路的关系，布局严整又充盈意趣。直到拍摄者满意，航拍器越过雪松起伏的树冠，拐到另一个方向去了。天空被树影剪辑，呈巨大的多边形。

想起初心，但我忘了此前数到了第几棵树。

漫步在体育东路，看见路边整齐如兵列的雪松，行政楼下的树梢已经比及五层楼高的雪松，看到金石广场草坡上的雪松林，看到南校区体育场边顺着原坡绵延伸展的大片雪松林带，确信凭一己之力要数清校园里的雪松，就像夸父想要赶上太阳一样不可能。我站在一棵雪松下感叹，决策者当初决定在校园栽下如此多雪松的时候，想象过树木成林蔚为壮观时候的景象吗？二十五年后的现实说明，当初的决策是多么智慧，如此具有前瞻性。

雪松原名喜马拉雅雪松，木材富香气，又被称作香柏。雪松能长到五六十米高，树干通直，油脂具有天然的防水功能，因此在古时被广泛运用于航海造船。传说中的诺亚方舟就是用“歌斐木”——雪松家族中的大西洋雪松制成的。雪松长寿，树龄可达七八百年。雪松一般要到二十五年左右才能开花结实，超过百分之九十五以上的雪松雌雄异株，十至十一月开花，经历冬春夏，第二年秋季松果才能成熟，成熟的雪松果自然开裂，松子自然弹出，留一个个松果壳在枝头，像干玫瑰花。

大部分时间雪松是安静的，只有风穿梭树枝时，幼细的树枝被风摇曳，显露树的一点情绪。当飞鸟投奔，松鼠来访，雪松又是热闹的。松鼠在雪松枝间攀高爬低，爬上雪松的高枝，再跌下去，立在低枝上，有惊无险。松鼠以雪松枝做跳板，跳上窗台，不期和窗内的人两两相望，人拿出核桃招待访客，松鼠大方接受，一来二去，松鼠和人愈发无间，不时来访，很愿意做人宠物的样子。鸟儿也欢愉，灰喜鹊扑啦啦飞进树冠，稍作盘桓,又呼啦啦冲出树冠,一点不担心茂密的枝柯会绊住鸟羽，真是飞行的高手。

我在一棵雪松下邂逅过一个极美妙的场面。某天我正背依雪松晨读，头顶忽然一阵嘹亮急促的鸟鸣，鸟鸣声陌生独特，不是熟悉的麻雀、灰喜鹊、斑鸠、啄木鸟，我小心不弄出动静，想要看清树冠中的访客，于是看到五只额眉上顶着类似古代帝王冕的鸟雀在枝柯间喧腾跳跃，鸟鸣声高亢、急促，像人类的演讲者在做激烈的演讲，五只鸟似乎分作两个阵营，跳跃、对鸣，它们是表达开心，还是宣泄不满我不得而知。就在我费力要弄明白鸟的情绪时，它们忽然集体起飞，旋即消失不见踪影。忽然出现，忽然消失，快到我未曾拍下它们的一根羽毛。

喜鹊就从容多了，飞到树上，停脚于最细的树梢，脑袋歪着,一副思考的模样,喜鹊以热闹著称,这偶尔的沉默倒极耐看，像是说,喜鹊也可以成为鸟类的哲学家。即便最细的雪松的树枝，也不为鸟儿的踏步摇曳，显露雪松恒常的稳重性格。

我曾目睹一对斑鸠在我厨房外的一棵雪松枝上筑巢繁衍后代。第一次知道鸟也与时俱进，鸟巢取材除用树的细枝和草藤，竟然大量使用人工纤维丝，真让人吃惊。鸟巢偏向西斜，我不确定鸟是偏爱夕阳胜于朝阳，还是那个角度可以避开这个季节的风。忽然一天，鸟巢中鸟儿叽喳，鸟夫妻飞进飞出地忙碌，又有一天，斑鸠一家飞走了，只剩一个空空的、静静的鸟巢在雪松枝上。这是雪松温情的时候。

“风来花落帽”，在遇见雪松金黄花粉如一阵黄雾弹落我头上的那个早上前，我只知道这个唐人诗句里的句子是适合桃花、杏花、李花的。感动于草地上那些未曾刻意砍斫的低垂的雪松枝，让我能够如此近距离观察雪松开花，我小心拉动一根枝条，却惊动枝条借力把花粉弹出去，只见眼前一团黄色花粉在头顶炸开，早上十点钟的阳光照耀得花粉金光四溢，真是惊艳。

通常人很难撼动一棵高大的雪松，即便为风动，雪松对风的态度和情绪大多时候也只表露在局部，叫人迷惑风变化多姿的形状里，偶尔会是一棵雪松的宝塔状吧。一天傍晚，我听见窗外忽起密集的雨声，但我确信天晴，不可能下雨，于是起身寻觅声音的来源。但见一天星光，我倾耳听，确知声音的来处，正是细细的风集合在窗外那几棵雪松上，树发出近似雨滴落下的声息，以前体会过松树发出近似波涛汹涌的松涛声，近似春雨的声音还是第一回听到，真是妙不可言，忽然风止，万籁俱寂，依然一天星光。

从园艺学的角度欣赏校园的雪松之美，通常是由两株到十几株雪松配以其他树种或灌木组合而成的种植类型，兼顾种植地周边的建筑，有烘托之美，有色彩搭配之美。场地或开阔平坦如草坪、花地，或置于山石坡地上。以树丛的形态呈现，有疏密、有远近、有层次。或以树形态上的刚阳与阴柔，落叶与常绿，开花与不开花，慢长与速生、乔木与灌木组合成生态相对稳定的树丛。又或者，组成树丛的每一株树木能在某种有规律的构图中表现其个体美、色彩美，园艺师们为此琢磨设计。

在这里，因为空间足够，园艺不过分受制于空间限制而成微缩版，但大方之中依然有许多的巧妙和细节之美。兼顾个体与群体，为在光照、树姿、色彩、芳香等方面有特别美学价值的树木做足够的权衡和取舍。也因此，校园景观在园林设计上更靠近绿化的功能性，点线面结合，重点着意植物造型，兼顾园林小品的点缀，以各色花木搭配，呈现丰富的层次、色彩、生态。在建筑、道路、运动设施之外，让植物占领每一片空处。

我曾经询问一个校园花木匠，恰好他是建校初就来校园工作，他笑呵呵地回答我说，那你可算问对人啦，我给你个大体数字，校园里的树有一百多个品种，两万多株，平均差不多每人一棵树，还不算绿篱、花坛、草皮，你说我们的绿化好不好？绿化率高不高？我觉得这个花木匠的说话水平真是高。告辞的时候，我说我们美如画卷的“花园式学校”的美名，也有你的贡献在里面。他笑得很开心。

园艺上讲究，植株的大小、姿态，要有对比和差异，三株树不能直线栽，不能三角栽，不能同距栽。这些美学上的小禁忌我未曾在校园里看到。四株树不要两两组合，好看的种植方法是三株近、一株远，或两株一组，而一株稍远，另一株再远点。

我在园内具体的树木上对应出园艺学的审美趣味，直到我走到一片宽阔的雪松林边。正是夕阳西沉，落日在西边燃起最后的嫣红，把一片雪松如镀金般渲染，雪松枝显露极丰富的色彩过渡，其壮观与辉煌，叫我感叹为艺术而艺术的某些苍白和羸弱，眼前的雪松林，落落大方，气度非凡。叫我想起“法尚应舍”的审美判断。林中暮色，清新宁静的氛围使人感动。那一刻我赞叹，大树之于大学，犹如名师般重要。大树赋予校园静气与和雅，以及附着在其上的时间感，想起“十年树木，百年树人”的道理，想起一些美好的生长绝不是速生的，恰好是缓慢与从容奠定了生命的质感。

我也发现大树的真理，那就是，大树端正地站在那里，无论何种角度看，都美，都合适，三三两两的美，枝柯伸展到我的窗边，白日太阳投下斑驳树影，夜里在灯光、月光、星光下，树影错落，照样美。五棵雪松一簇美，成排的雪松也合适，成林的雪松更是天然美雅，而一株长在深阔草坪上稍稍倾斜的雪松尤其美。流云飞渡，鸟雀翔集，飞雪穿林，雪松最美。

当我看见头顶的雪松在开花的时候，那点关于雪松的常识告诉我，这开花的雪松有二十五年上下的树龄了。因为雪松开花，大多在二十五年的树龄。我第一次看见雪松开花，且能如此近切地感受，像是看见一个美好的奇迹。

从十月到十一月，雪松树下总能看到一地薄薄的黄色花粉，这片金色里有雪松的奥妙与奥秘。古琴演奏者常在演奏古琴时点燃一支香，是正念，是静心，更多的，是在欣赏袅袅烟雾随着琴音震动空气一起曼舞的妙姿，所谓琴音袅袅，袅袅的琴音借袅袅的烟雾显形，是对琴声的视觉解读。正如雪松传播花粉的奥妙，要借显微镜得以观察。显微镜的显示下，雪松细小的花粉仰仗气流，如受无形之手的引导，以某种早已预设好的路线，流入前一秒刚刚打开的松果内部，不早不迟，一切正好。其间的奥妙与不可思议充满诗意与玄机。人不由赞叹造物主的神奇、奔赴与迎接，时间、地方，都在一个恰好里。花粉流入，松果闭合鳞片，分泌松脂，完全密封松果上的鳞片孔隙，之后全力积蓄能量，积极生长，月移星摇，松果由嫩黄转为草绿，在经年的时间耐心生长，历经冬春夏秋，时候到了，松果成熟，此时松果坚硬如木，呈灰褐色。当空气更加干燥时，松果炸裂，发出银铃一般的响动，松子跳出，展露给新世界，参与进新轮回。

开花的雪松大体拥有二十五个以上的年轮。年轮使得我们可以像读书一样读懂雪松的过往，年轮是树的阅历，告诉我们树所在森林曾经的景象，树是否经历风雨雷电的袭击，是否遭遇过干旱或酷寒天气，是否受到过病害虫咬……如此推想，我猜想生长在我们校园里的这些雪松应该是年轮匀称线条优美的吧，天旱的时候树有人适时浇灌，树木和树木之间空间充足，光照合适，不叫树生虫，不叫树遭遇斧钺的砍斫，树能高茂，能壮大，能健旺生长，有树扎根土地深处的努力，有人为的扶持和呵护。如果树有机会展示年轮，树的年轮会显示树的脚下土壤肥力肥沃富足，水分适度不旱不涝。树默然藏起年轮，但树以美姿宣告这些。

君子一般稳重、将军一样傲岸的雪松能感到疼痛吗？科学工作者曾做过实验，在森林的一边，一只兔子正在啃嚼一撮嫩叶，入侵信息通过连通树根的网络，传达到森林另一侧的树那里，很快，整个区域的树开始分泌令兔子厌恶的化学物质。植物以此发出“疼痛”信号，开启防御功能，人类明白这点，利用某些树木中的化学物质止痛，比如阿司匹林的制成。很遗憾我不确定那些分泌动物不喜欢的气味、启动防御力量的树木是否有雪松在列。但我不敢为了贪闻雪松针形树叶里藏着的香气而轻易去摘取雪松的松针了。

相较于松柏的香气，雪松的香气更为内敛，即便近距离，也几乎闻不到雪松的香气。但是，只要把几根松针放在指尖揉搓，松香气立即在掌心缭绕。从雪松里提取的雪松精油珍贵，香气闻名遐迩。无论中外，在遥远的古代，就有提取和使用雪松精油的悠久历史。至今，雪松精油依然是调制木香调香水的重要香源。

《在西伯利亚森林中》是我在新年读完的第一本书。该书是法国作家西尔万·泰松在贝加尔湖畔的居住日记，时间跨度六个月。冬季，零下三十摄氏度的温度，结冰的湖水，绵延的雪松林，构成弥漫全书的凛冽气息。但这又是一本散发暖意和香气的书。远离人群，不通公路，偶尔有访客从结冰的湖上开车来。居住者用雪松做火引子，住在用雪松筑墙、搭屋顶、开窗户的雪松木屋中。读书，似乎能和作者一起分享字字行行间弥漫的雪松气息和森林气象，与作者暂时栖居于那片茫茫雪松林中，体验雪松给予的护佑，以及随时到来的危险的提醒。小木屋所在的地方也因雪松得名，即“雪松北岬”。我在作者叙述的冻湖冰裂的爆响声中，在纷飞的大雪中，在壁炉中燃烧的雪松劈柴的火光中，读到温暖、宁静与宽阔。

碧绿、坚韧、挺拔、永不褪色，即使数九寒冬，依然傲立风雪。作者文辞中不断出现的雪松，在我此刻读来别有意味。

“枝拂行苔鹤，声分叫砌虫。”“如今未堪看，须是雪霜中。”春夏秋冬、风霜雨雪，雪松没有不美的时候。“雪松最好看，当值大雪纷飞的时候。”好吧，让我们期待一场大雪到来，那时且看，校园里棵棵银装素裹的雪松——松雪自在白。在校园度过四年大学生活的学子，我猜想在未来回望母校，可能少有不对校园里的雪松存有美好记忆的。回望那些年，一定会有一些记忆和雪松的身影重叠。

多少次拍校园的雪松，但似乎都难拍全雪松的美，雪松高到云天上，没有相当宽阔的距离，要看清一棵雪松的全貌是难的。也因此，我至今没能拍下一棵雪松的正面照，只能用我的文字记录雪松的局部，只能一次次以仰望的姿势在雪松下仰望，绕树三匝，徘徊又徘徊。伸展双臂想要搂住树身，踮脚仰头，想要看树之正脸。但如何努力仍只见树的局部，秋阳灿烂，天空蔚蓝，树洒下重重树影，夕阳西沉雪松逆光站立，每一定格，都如此动人。

有天，我在校园里看见测绘专业的学生把课堂搬进自然环境中，他们利用园中的路面实地测绘，那个清数校园雪松的念头再次浮上心头，我想，要是能在新年的植树节发动学生志愿去统计校园里的雪松，会不会另有一重植树的意义在呢？而我能想到的统计方法，比如，在纸片上写从 1—999 这样的数字，给每一棵雪松都贴一张写了数字的纸片，如果纸片不够就继续写，那么，最后一个数字便是现有雪松的数量喽。或者，谁还有更聪明可行的统计方法呢？读到这篇文字的学子，有谁愿意参与这项活动，愿意的话在文后的留言区报名吧。

侧　柏

冬日校园里的树木，究竟谁更美？开花的枇杷树？结红果的珊瑚冬青与火棘？不断出新画作的白皮松？还是披着白雪大氅的棕榈？树们各美其美，实在难分高下。更有宝塔状的侧柏幽然而立，散发迷人的美好气息。

柏科树木众多，侧柏、圆柏、崖柏、花柏、刺柏、罗汉柏、翠柏、金塔柏……顾名思义，就知道多是依据树之形态命名。侧柏如鳞的叶片交互对生，扁扁的，平平的，排成一个小平面，向一方（西方）侧，叶扁而侧生，故名“侧柏”。侧柏是柏科侧柏属的唯一一种常绿乔木，是恐龙时代的古老物种，被誉为“植物界的活化石”，至今分布广泛，生命力顽强可想。关于侧柏是否侧向西方生长，我细查校园的每一棵侧柏，觉得此说难辨真伪，因为每一棵树生长环境都不同，周围树的高低也不同，树是受光照影响的，而周边的树木又显著地影响着侧柏的光照，难成定论。但侧柏是特别的树，却是真的。

侧柏是雌雄同株，雄花黄色，卵圆形，由交互对生的小孢子叶组成,每个小孢子叶生有三个花粉囊。雌花近球形,蓝绿色,被白粉。

侧柏蓝绿色的小球果成熟前近肉质，被白粉，成熟后种鳞木质化，开裂后露出里面的小种子，鸟儿喜食。侧柏可以长高到二十米开外，校园有许多高茂的侧柏，也有很多低的侧柏，可以近距离观察侧柏开花结实，看侧柏由花到披着白粉的淡绿色的果，再到果实成熟呈现褐色。此时，摘一枚小球过，用手指捻开果壳，每一个果壳里都有四枚种子，脸前浮动侧柏蓬勃的香气，闻闻手指，也染了侧柏的香气，鸟儿跳跃到旁边的白杨高枝上，对人啼鸣，似要催人赶紧离开，好使鸟能安心享用侧柏馨香的种食。侧柏树干浅褐色，纵裂成条片，天然有艺术感。我曾从校园园林养护者修剪树木的树枝堆里捡到一截龙爪槐的枝杈，像凝目远眺的麋鹿头像，真是意外之喜，因此也留心,看能否再捡到一截侧柏树干,好让书香里侵染进侧柏的香气。几番留意，却不见校园园艺师修剪侧柏，大概侧柏宝塔形的树形足够完美，实在无须人力的加持吧。

深秋的一个周末，我们专程去仓颉庙，探望园中苍苍的侧柏老树群。我们被所见深深感动，连最小的树，在人面前，都是高龄长者，树从三千岁到四千岁再到五千岁，有树站在古戏台前，微风中树枝摇曳，似能唤回古老戏台上婉转的低吟，风一瞬间大起来，高空中舞动的树枝一齐发出波涛般的低吼，舞台上亦似马儿嘶鸣，锣鼓梆子声一时密如雨点。站在戏台前的树成了知音树。也有柏抱槐，一棵四千岁的侧柏和一棵两千岁的国槐拥抱着长在一起，那棵国槐是园子里唯一的国槐树。国槐槐实累累，每一个如豆角般的槐荚饱满丰厚，风掀动树枝，槐荚摇曳，沉甸甸地充满分量感。侧柏也结实，此刻成熟的种子在风中簌簌掉落，地面都是开裂如干花朵的种壳，有些种子完好存着种子，我小心捡起几颗，收好。两棵树借着偶然的机缘长在一起，岁岁年年，包容，宽忍，并各自长出自己的天与地。有人于是猜想，大概侧柏长到两千多岁时，中间长空了，空空荡荡的树芯唯风穿梭雨穿梭，某一天，路过并停歇于树的鸟儿把一颗国槐的种子投放这里，种子借助风雨，借助侧柏的稳固，于是生根发芽，慢慢壮大，此后春去春又回，两棵树自此依靠，于是又两千个春日过去了。飒飒秋风中，我们聆听高空中国槐种荚碰撞出的泠泠清音，想着等种子成熟时可否再来，捡回一枚吉祥的种荚。也有“三元及第柏”，每年，此树都得到格外的香火供奉，那些考试学子纷纷朝拜树，期望考试中得到完满的发挥。

那棵五千岁的侧柏相传为仓颉手植，这棵侧柏苍然老树，树被铁栅栏围着，我们看见两个小伙手牵手，隔着栅栏比画着，做出想要合围树的努力，显然不能够。传说文字的创造者仓颉根据鸟兽留在地上的蹄印和爪迹创造了人类的文字，仓颉造字，天雨粟，夜鬼哭，可见文字的诞生是一件惊天地泣鬼神的大事。在这棵五千岁高龄的“仓颉手植柏”下仰望，见树身遒劲地扭向青空，树参天傲立，依然生机盎然。大树五步开外，有一棵小小的树，显然人为栽种，似有赓续源远流长、经久不息的中华文脉的美意。树老根深,树一身神性,我们环绕一棵棵树转圈，像仰望头顶的星空一般满心肃穆，一身庄重。

见证过海枯石烂，沧海桑田，人类凝视侧柏，赋予其忍耐、坚韧、不屈、茁壮、毅力、不放弃诸多人类看重的品质，借柏树之坚韧、长寿，人借物抒怀，贯通人性，说，“岁不寒无以知松柏，事不难无以知君子”；又说，“庭前柏树祖师意，竿上风幡仁者心。”这是借树之精神层面，在现实的实用性上，人又开发出侧柏柔性的一面。很多地区都有使用侧柏的传统，比如把侧柏叶子直接煮水，用来洗发，说能使头发黑乌明亮。侧柏种子即柏子仁，民间的古老偏方里，用柏子仁煮水，晾温后加蜂蜜饮用，说能活血化瘀能润肠能安神能解毒能强记忆力。侧柏种子可以食用，食用柏子的种子和嫩叶可续命，传说加大了侧柏的神秘性。传说很久以前，有人逃避深山躲避祸乱，渴饮山泉，饿食野果，艰难求生，在山里没野果可采的季节，不得已只能借草根和树叶救命，山中侧柏青青，一食再食，竟不觉苦寒酷热，竟能以此活命。这个传说或许能在著名医药学家李时珍的《本草纲目》中得一点印证：柏树有几种，入药只用扁形叶的。侧柏叶味苦，性温，无毒。熏制腊肉，就用侧柏枝叶点燃煨火，让有一搭没一搭时现时没的侧柏烟气熏炙挂满一面土墙的鲜肉，时日到，那些熏制好的腊肉鲜香无比，腊肉煮熟切开，内里会像松树芯一样芳香透亮。这些倒是我在秦巴山中的亲眼所见，亲身领受。

在更虚渺的层面，侧柏的香气有木香调的沉稳与优雅，给人平定踏实的美好感受，宁静，神秘，遐思悠然。放在医学上解释，侧柏精油含天然的卓酚酮，能抗菌清洁促新生，闻着自然叫人身心愉悦。

侧柏的香气源于木材中的树脂，侧柏树材质细密且耐腐力强，是古代传统建筑中理想的建筑材料，加上人赋予树的文化寓意，常青象征永恒，侧柏被广泛用于宫殿、庙宇诸多重要建筑的建造。从阳世到地下，古代著名建筑使用侧柏的案例比比皆是，比如考古发现轰动一时的秦公一号大墓与西汉的黄肠题凑墓，巨大的侧柏木料隔着千年依然纹理清晰，散发谜一样的魅力，木纹静寂，暗香流溢，似在诉说着关于永恒与不朽、关于尊贵与权威的永恒谜题。

我把从仓颉庙园捡回来的几颗侧柏的种子种在校园的一处僻静空旷地，风来雨来，琅琅读书声中，古老的侧柏种子会不会悄然萌发，破土而出？

一年四季，周而复始，侧柏不费时间，努力开花，积极结实。

红 瑞 木

某年深秋路过汉中，距离有名的赏红叶胜地光雾山咫尺之遥，机缘巧合，有人提议登光雾山赏红叶，当然赏的是黄栌树叶儿红。出发的早上，汉中碧空如洗，查光雾山天气，也是晴朗好天气，料想正是赏红叶的好时候。行至光雾山脚下，停车问路，一位停车场的管理人表情遗憾地告诉我们说，来晚了一天，昨天到就好了，可惜昨夜山上刮了一夜大风，这会儿树上肯定一片红叶也没了。见我们疑惑吃惊，管理员又说，山上和山下大不一样，今天红叶满山，隔一夜可能一片不留。我们听着，虽无言语反驳，但心中却存着侥幸，想着咋可能一片不剩，寒风又不是收割机，再说，就是收割麦子的机器过后，还有麦穗遗漏一二呢，万一还有未被寒风吹落的红叶呢?

于是我们在最后一个停车场停好车，开始徒步登山。盘上公路盘旋而上，林间积雪深厚，道路仰赖景区扫雪机的清扫，初时倒也通畅，阳光融化林间积雪，在阴坡地雪水冷冻成薄冰，湿滑难行，越往高处，积雪越厚，暴露在外的嶙峋石崖显露山的陌生力量。道路一边是高坡，一边是深谷，人力未到之处，大自然呈现野生状态，依着山势，依次分布着草地、灌木丛、阔叶林、阔叶针叶混生林以及针叶林，阔叶一片不剩，更别说红叶了。高山林木此刻和岩石、积雪、草皮构成一幅幅旁逸斜出的山水画，是壮阔寂静之美，这才知道山下那位工作人员比我们懂山。

在每一段临着涧谷的积雪道上眺望对面山，植被分布一目了然。阳光明艳，却极冷，风在耳边吹出铁哨声，冷凝结在鼻尖上，像是鼻尖上横着一韧透明的刀片，雪地踟蹰，行路艰难，同行意见分歧，一半说趁早返回山下回家，一半显然心有不甘。正难以统一，猛见眼前白雪地中，一片红艳枝条如火烛跃动，所有人的精神分明为之提振，猜想这白雪地上如此艳丽、如此炽烈、如此不惹尘埃的究竟是何植物。红瑞木！一位认识的同行响亮回答，语气中分明跳荡着欢欣，显然也被雪地上红瑞木的美震撼。高山大野,红瑞木一瞬间诠释着自然之美、山野之美，这份偶遇的欢喜让我们暂时放下分歧，一心向美。

初遇红瑞木的印象深刻，也因此，当我在校园看见红瑞木的时候，乍然有故人再见的惊诧与惊喜。迎上前几番细察，不觉在心里喟叹，我的大学真是植物的福地，两万株树二百多个品种的校园园林，不知还有多少未知之草花树在等我去探索与发现。

在校园看见红瑞木是深冬，一场突降的大雪之后，我本是循着蜡梅的香气踏雪探梅的，一株香气旖旎的蜡梅树旁，恰有一丛红瑞木卓然而立，蜡梅沾雪，红瑞木沐雪新浴，麦冬铺就的草甸上雪厚如被，偌大校园的这一处静僻正演绎着自然与园林的诗意交响。

这次看见红瑞木后，我似乎总能和红瑞木迎面相遇，每次看见，都会在心里赞叹：看这儿也有一丛红瑞木。在教学楼后、实验室旁、牡丹园外、图书馆边，那些被特意修葺的红瑞木都有苍苍的根基，颜色苍红，从灌木的特征判断，显然有些年岁。

校园里的红瑞木革新了我对红瑞木属于高寒之地植物的恍惚印象。这一科普，获得许多新认知。

红瑞木属山茱萸科山茱萸属落叶灌木，枝条直立，地下茎分枝。叶对生，卵形或披针形。树皮紫红色，幼枝鲜红，老枝暗红。叶对生，椭圆或卵圆形，叶面暗绿色，叶背粉绿色，富美感。野生红瑞木在中国东北、华北、西北和长江流域都有分布。红瑞木株高可达两到三米。当秋风渐起，红瑞木的叶子变得鲜红如火，果实圆明，洁白如玉，红叶红枝衬白色果实，煞是动人。而寒冬降临，删繁就简之后，只有红瑞木红珊瑚一般的枝条与白雪相映成趣，为严冬添一份温暖与温馨。

红瑞木花白色，聚伞花序，花期在五到六月。五月的大学校园，樱花、连翘、玉兰、海棠花花期刚过，紫藤、鹅掌楸、牡丹又紧密续接，花落一场、花开一场，没有空隙，红瑞木的花精致微小，在满校园的繁花竞赛中，可能常被擦肩而过的观花人视而不见。但一朝看见，细看之下，红瑞木的花朵极美，花未开时珠圆玉润，淡黄近乳白色，盛开时四个花瓣全然打开，是莹白色的，香气萦绕，若有若无。校园的红瑞木，或丛植于草坪，与常绿的高大乔木高低呼应，或秀丽于白墙边，简约中营造一片鲜亮，或以山石凸显红瑞木的线条与柔韧，实现刚柔相济之美。总之，细究都藏着深意与初心。

徜徉校园，细察分布多处的红瑞木，一年四季连续观察红瑞木的愿望轻易实现，观察的过程也明白了园艺师为何会在千朵万朵压枝低的校园种植这几处红瑞木的初心，因为红瑞木有四季的美感。红瑞木枝秆常年红色，红瑞木的叶子盛夏盈绿，秋季鲜红，此后随着气温降低，万木萧索但红瑞木却越冷越红，直到红色的红瑞木叶子掉落尽，仍有红艳的枝秆迎雪傲立。再看红瑞木圆明的果实，夏季是绿色，到了秋季却变成白色了，简直是善于变化的精灵附体。

红瑞木因其叫人视觉明快的红艳和旺盛生命力为人喜欢，

成为受欢迎的插花，就是不做任何修饰，仅清水供养也能长红不衰，最能装点居所之美。假如室温合适，那随意一插的红枝全然忘掉室外的飞雪与冰冻，会在温室里催发，二月即能开花，显示其蓬勃的生命力，叫插花人思考，是否赶快把这些鲜活的枝条重新栽进泥土，再繁茂出一丛高茂红艳的红瑞木在大地上开花结果。这是我从校园园林养护者砍斫的一堆树枝中捡回一小把红瑞木枝条，瓶插之后得到的新认知，在那瓶鲜艳生动的红瑞木枝条上，我赞叹生命的顽强，看见植物“为活着”所做的种种努力。有了这次插花的经验，我对红瑞木的喜欢完满到了十分。

在更繁复的插花艺术里，红瑞木可以有多种多样的组合，和同色系的花组合，和同样线状花材组合，和团状花材组合，都能派生出别致的美感。比如红瑞木和马蹄莲、针垫花、羽裂、一叶兰、天堂鸟组合，会有雨林的气象，而红瑞木和银芽柳、墨竹、迎春、连翘、剑兰、飞燕草组合，像是能定格春天的风和夏天的雨露，这个时候，也许最能接近插花艺术的无穷变换和绵延美感吧。

当夕阳把一株丁香花影移到陈忠实文学馆的粉墙上，边上那株开花的红瑞木卓然而立。在麦冬铺就的碧绿毯子上，蜡梅开过了，碧桃开过了，那时候该是暮春初夏，那是属于红瑞木的花期了，且慢慢欣赏红瑞木，看红瑞木认真开它的花，认真结它的果，看过了花，再在一丛完整的红瑞木的根根枝条上，去感受红瑞木的色彩之美，线条之美，直线、曲线、粗线、细线、刚线、柔线……形态丰富，表现力足够。

一丛红瑞木上凝聚着校园里的四季。一年四季，校园里的花与树们，都以各自的美丽，诉说着校园自然与人文润物无声互为交融的一个个故事。

白 皮 松

我常遗憾不能以画笔去表达所见与所思，假如能够，我也学《双松平远图》《松下抚琴图》那样，创作一幅《大学寻松图》。画面均由松树构成，高茂的雪松在画之左方与下方雄踞，其间也有孤植或二三丛植株分明于视野，余下的画面片段式属于油松、黑松、湿地松、马尾松、火炬松、北美乔松……当然，“枝如游龙，叶如翔凤”的白皮松更不可缺，或并立，或错落，这里三株那里五株，以点，以线，或成小片白皮松林，点染得画面充盈生命力。因为不懂画里画外的比例与协调，艺术处理上的虚实与添删，可能让这幅画完全贻笑大方，可假如要对着画面做现实的考量，我完全知道这些松树长在校园的哪个方位，从北校区到南校区，从一棵松到一行松到一片松，我知道它们是松树中的谁与谁。

十一月一个晴好的日子，我遍寻校园的松树，除了确知校园种植着上面所提的那些松树，我额外获得了装满一书包的松果，有雪松的、油松的、马尾松的、白皮松的，想起从前为得几枚松果装点居所付出辗转和周折，这个早上的轻松获得叫我惊喜。我仔细记录捡拾到那些松果是在何种松树下，但当它们混在一起的时候，我也只能辨识出雪松松果那犹如干玫瑰花般极有辨识度的果实，其余如油松、白皮松、马尾松的松果，只在颜色大小上有些分别，要准确说却难以说清，更别说捧着一把松子时，更需要全面细致的探究与求证。如此说，格物致知是需一生的努力。

许多美好的事情是需要抬头才能看到的，比如发现白皮松的松果。一个深秋的中午，我从延古餐厅吃过饭出来，习惯性地朝图书馆边上的那片小花园去，我坐在那棵白皮松斑驳的树影里，闻着厚厚松针散发出来的美好气息，心旷神怡，在这样的树影中，既能晒到太阳，也能不那么晒，还能看清庞大树冠外不断走过的去吃饭或者已经吃过饭的学子。这时，一枚松果穿过松枝，“嘭”地跌落到我面前的地面上，在厚的松针地上弹跳而起，再次落稳，这个画面美好如电影中的慢镜头。我抬头，看见头顶一只松鼠正打量着我，在和我短暂对视之后，“嗖”地蹿过一根树枝，快速消失在密集的树枝后，我站起来，又见松鼠“呼”地起落，快速隐匿于一段石墙之后。

我在那段石墙边，发现很多硕大的松果，捡起一枚摇晃，里面有未曾掉尽的松子发出“克唧”“克唧”的声音，我嗑开一枚松子，竟然是饱满的，我尝到了一粒新鲜松子的味道，比我吃过的任何一粒松子都新鲜都有好味道。这一留心，我发现很多松果，有些长在树上未曾掉落，有些落在麦冬的毯子上，有些高高架起在别的花木之上，富足得很。

虎皮燕雀也爱吃松子。时光流水广场边的那片白皮松林常见虎皮燕雀在啄食松子，和松鼠摘松果的悄无声息不同，虎皮燕雀喧哗吵嚷，鸣叫不休。我猜想松鼠收集松果类似人类六月在麦田抢收麦子，誓要颗粒归仓的大目标和大决心，而松子之于虎皮燕雀，可能更像人类嘴边的零食，而非度岁月的储粮。

白皮松树皮白色或白褐色相间，又有别名蟠龙松、虎皮松、白果松、三针松、白骨松、美人松。名字的得来显然都契合白皮松的某些特征，白皮松针叶一束三针，幼树树皮灰绿色，平滑，长大到一定年岁，树皮开裂，呈不规则块片脱落，外层树皮脱落或半挂于树干上，露出内里淡黄绿色的新皮，整个树干上有绿、褐、灰、白诸色，诸色相间，斑斑驳驳，像着了迷彩装，又像是变幻无穷的画作，细看树皮纹路，似乎有无穷奥妙，引人遐想。白皮松是松科松属乔木，树身高大，可以长到三十米开外，大树一人难以拥抱，株干天然古拙，树姿卓然优美，“站如松”，人学习松之站立，这是人在自我仪态上的最高要求。

白皮松是中国特有的珍贵树种，野生白皮松分布在河北、内蒙古、山西、陕西、甘肃、河南、四川、湖北等地，生长在海拔五百至一千八百米的山地。喜温凉也喜光，耐瘠薄土壤又耐干冷气候。如此生息，年年岁岁，白皮松长就坚硬又细腻的木材，花纹曼妙，芳香袭人，是建筑和制作家具、文具的高级材料，白皮松松子鲜美，敲尽了松子的球果，入药能止咳、消炎、平喘。饱满的松果，松鼠鸟雀喜欢，人类亦然。

白皮松是优良的庭园树种，栽种历史悠久，诸多名园，如留园就曾以园中多白皮松命名“寒碧山庄”。山石楼阁，长廊小桥，立峰曲水，再有白皮松辅以绿荫重影，松风如涛，诸多妙处，思源湖畔的白皮松林创造这些美好。思源湖虽小，因环湖种桂、梅、白皮松，有松、梅、桂的经典组合，松风明月，红桥小亭，曲水山石。白皮松姿态古拙，是小湖小园鲜亮的存在，兼有龙柏墙阴，女贞、棕树、石楠的高茂挺秀，石隙之中有芒，岸上有鸢尾、萱草，有海棠、连翘，有常绿树，有落叶树，有矮灌木。秋冬亦有花，四季皆青。

在校园的白皮松下探求白皮松的知识，看白皮松开花了，结果了，果实成熟了，松鼠与虎皮燕雀去了又来了，此时，日历该翻过一整年了。

白皮松春夏开花，花期四至五月，白皮松不会直接开出传统意义上的花朵，花以粉状附着在果球上，淡黄色，遇风吹，树枝摇，常常腾起一股黄色的花粉雾，雾气香雅，白皮松通过雄球花和雌球果完成繁殖，雄球花产生花粉，借助风吹散播花粉给雌球果完成授粉和结果。从授粉到种子成熟，经过一年时间，到第二年的秋季或冬季种子便成熟了。白皮松的松果长硕，卵圆或圆锥形状，果球幼时淡绿色，慢慢变成黄褐色，待到松果饱满壮硕，鳞片变薄开裂，此时成熟的白皮松果是棕色的，种子灰褐色，气香，味甜而油。

思源湖边的白皮松下宜沉思，朝日、夕照、月下、灯影，照耀得白皮松树干鲜亮好看，或遇大风，坐于湖边小亭听松涛声，看湖中云游如飞，都是特别的体验。校园另一处适合赏白皮松的地方是时间流水广场边的松林，林中有油松、马尾松，白皮松最多。白皮松有高有低，有疏有密，密不透风，疏可筛日光、月光，林下少见人通过，却有蜿蜒小径穿林，小径两端，沟通着校园的这方与那方。虽少见人过，路却清晰，实在有趣。白皮松果自熟自落在林间草地上，地上长蘑菇、长野花、长绿苔，树荫随日影移动，恍若看得见的时光漫漶。夏日午后，林外燥热，林中静净，阳光穿过树梢，灿灿如金线，明黄之色动人，白皮松树影落在地面上，一时浓，一时淡，浓淡取决天上是否恰有一片游云路过。

校园南校区运动场边的白皮松因居于平旷处，给人亮堂醒目的视觉效果，树干上淡青粉绿的主调，偶见微红，忽而又闪出几处墨色，愈发衬托得枝干通体透亮，松枝层层上升，洒脱富于韵律，风来，树枝摇曳，满地婆娑。以树所在的位置远眺，南山隐隐，城池在望，美而隽永。

棕　榈

圆柱形的树干通直，未曾修剪的树身披一层如丝如缕的蓬勃外皮，这层外皮为叶鞘生长变老而成，碧绿的叶片聚集在茎顶如伞高举，又美如华盖。棕榈树生命力旺盛，无须施肥，借助雨水，就能生长到二三十米，因为高茂超群，棕榈树多不会被周围树木遮挡,能最大限度获得阳光照耀。唐人徐仲雅有《咏棕树》诗:“叶似新蒲绿，身如乱锦缠。任君千度剥，意气自冲天。”很形象地写出棕榈树的特征以及树和人的关系，民间有一说,要想棕榈树长高,就要年年剥棕榈树的旧衣,倘若年年剥切,棕榈树新暴露出的那一段有新鲜的黄绿颜色，从树根向上，一圈比一圈新鲜，界线分明。如果想要树长粗，就慢点儿割。树身上那一圈圈割痕恍惚棕榈树的年轮，如此打量，棕榈树是把年轮写在身体表面，岁月如刀，刻下圈圈刻痕。树顶的蓝天深不可测，棕榈树向往着天心深处。校园大树林立，雪松高，鹅掌楸高，云杉高，棕榈树会不会是校园里最高的树呢，这实在难以丈量。人只能树下仰望棕榈树高举在碧空中的那一簇新叶，倍感遥不可及，但人可以在树下想象，想象流云、飞鸟、春天的第一滴雨、冬天的第一朵雪花飘过棕榈树时，树与那些美好事物的对答。

每回走到学院路，那排擎天的棕榈树就成主风景。学院路东高西低，棕榈树逶迤而立，远观很像是训练有素的仪仗兵，走近些，听风在树顶摇曳，便觉这树有行吟诗人的气质，巨大的团扇一般的叶子在空中交错，把碧蓝的天空剪辑得如诗如画，树下仰望的人不觉视野和心怀陡然宽展开去，走远，回头看，这行树更如写在美丽校园里的绿色诗行。

在北方，棕榈是特别的树，就拿陕西地面上说，如果早三四十年，棕榈树只在秦岭以南的陕西南部可见。那时的人们，如果院子里有几棵高大的棕榈树，就可以看作小小的存折，每一年，割下的棕皮，砍下的棕叶，都能卖钱成为家庭的收入。也因此，棕榈是贵重的树木。实用的影响根深蒂固，也因此，当我一次次从校园那些棕榈树下走过的时候，除了视觉上的愉悦和审美外，我总是看到那些厚厚的披在树身上的蓑衣一般的树的外皮，想到它们的实用价值。

校园常绿树多，常绿的棕榈也醒目，思源湖畔的棕榈树最好看，树粗壮高茂，如柱擎天，新叶初发时互生折叠，掌状分裂，随着叶子发散，分裂更明晰，散发鲜嫩气息的嫩黄的叶片浑圆如团扇，有风则呼呼扇动，风止扇亦静默，待风来的样子。白鹿原雄踞高处，风时时来，棕榈树时时舞动出飒飒的好听乐音，叫听者出神，一时不知这风是起于棕榈树叶，还是风点燃了棕榈树舞动的激情。

每年四月，姹紫嫣红的繁花中，棕榈树也开花，鲜黄色的硕大肉穗花序，从紧绷的一穗穗鞘状苞片里挣出来，发散，开成一嘟噜一嘟噜明黄鲜亮的万千小籽粒，猛看如鱼子。棕榈花浑然长在树顶，哆哆嗦嗦，鼓鼓囊囊，是煊赫的孕育。一些喜食花的人也吃鲜嫩时的棕榈花，爬高树，采摘，漂洗，烹而食之。说滋味似食老笋，籽味微苦。

如此多花，当会有累累种实，棕榈果实十一月成熟，成熟的果实着一层白粉，成熟时呈淡蓝色，种子厚角质，薄的果皮下是薄薄的果肉，有人摘此时的棕榈种子，抠出中心果核，做成手串，天然古雅。这是微观。大处着眼，棕榈的大串果实密集可观，一团团、一簇簇，沉沉密密，似乎春天的每一朵花都变作了此刻的每一粒种子。白颊噪鹛、灰喜鹊爱吃棕榈的果实，喜鹊扑棱一声飞进棕榈如云的树冠里，在众多的果实里挑挑拣拣，而后，又扑棱一声飞去了。灰喜鹊的食谱宽泛，春天的玉兰花，夏天的木槿花，秋天的苦楝子，栾树种子，灰喜鹊都吃，可吃的食物多，灰喜鹊就有富足者的心态。很少见有为眼前食物打闹吵嚷的情境，飞来又飞去，很少结队成群，一会儿树冠里扑棱，一会儿草地上叽喳，就是爱唱赞歌的喜鹊。白颊噪鹛成群，我见过一群有二三十只聚集在思源湖畔一棵巨大的棕榈上，鸣叫吵嚷的景象不像是雀儿为食物谋，倒像是为某个精神层面的东西激烈辩论，观看者意趣盎然又难解真相。

棕榈的种子繁育力惊人，鸟雀啄食种子，消化果肉，把种核撒播出去，稍留心，在校园的草地上，花坛里，松林下，竹林边，都有小棕榈树苗壮生长，尤其竹林一带格外稠密，这未必不是白颊噪鹛和喜鹊的功劳。看着那些未经人工的小小棕榈树，想一想传播的秘密，如此繁殖策略确保了棕榈树种群的延续和扩散，只要生长环境适宜，这些小棕榈树就能快速生长，长成一片新的棕榈林。

植物学上说，棕榈树是适宜热带、亚热带地区生长的树种，在中国主要分布在秦岭长江流域以南，仅我国就有二十八属一百多种，丰富得很。棕榈最早出现在《山海经》中："石翠之山，其木多棕。"《本草纲目》中解释棕榈，又称栟榈，说皮之毛缕如马之鬃鬣，因而得名。

棕榈成为重要的园艺栽培树种，除了棕榈树形优美，棕榈全面的实用性也为人看重。割棕就是把毛茸茸的棕包从树上一片片割下来，谓之棕片，棕片可制棕绳、蓑衣、棕垫、地毯、棕刷。三四十年前，一个出品于棕榈树的棕箱是可观的家庭财富，一个随身携带这样棕箱的青年是被人刮目相看的，其时髦新潮富裕一定不亚于今天拖着一个大大 LV 旅行箱的人。而一顶用棕榈叶子编制的草帽，一把用棕榈叶子裁切的扇子，一床拥有棕榈清气的席子，都具有天然的风情。在现代的包装材料中，棕片可制成自然降解的包装材料，环保显而易见。

棕苞（棕榈花苞）也因其高纤维、高钾和低脂肪的营养优点，被开发为天然的绿色食品。往回追溯，食棕花的历史早有文字记录，美食家如苏东坡在《棕笋并引》诗序中称棕榈花，“状如鱼，剖之得鱼子”。比如云南、广西、陕南人用嫩棕花合腊肉炒，鸡蛋煎，腌菜焖，说滋味一绝。或许是食物匮乏时候的一点追忆，或许还有一点药食同源的原始食疗痕迹。

棕榈制作的蓑衣最典雅，柳宗元《江雪》与“孤舟蓑笠翁，独钓寒江雪。”我看见校园雪后披着白雪大氅的棕榈树，无端联想到这树就是钓江雪的蓑笠翁，大雪覆盖的后的校园有无限的辽阔与静远，但是春意，已然在雪被下悄然萌芽，在蜡梅的馨香里，在灰喜鹊快活的鸣叫声里，即便大雪覆盖，依然有棕榈种实招待它们。

如果树都有气质，棕榈树的气质该是自由、浪漫与洒脱吧。

棕榈树以其美丽的形象给人胜利、好运、希望与和平的联想，棕榈站立的地方都有别样风景。晨光熹微，晚霞剪影，在雨中、在风中、在雪花曼舞中，棕榈树都美都好，而当满月的清辉洒满校园，月光下的棕榈浮动明亮轻盈的气息，犹如日之光耀，月之清华。